ZEN

Colección de escritos zen y pre-zen

Textos seleccionados por
Paul Reps y Nyogen Senzaki

Editorial
PAIDOTRIBO

España	Argentina	México
Editorial Paidotribo		Editorial Paidotribo México
Les Guixeres	Editorial Paidotribo Argentina	Pestalozzi, 843
C/. de la Energía, 19-21	Adolfo Alsina, 1537	Col. Del Valle
08915 Badalona (España)	1088 Buenos Aires (Argentina)	03020 México D.F.
Tel.: 00 34 93 323 33 11	Tel.: (541) 1 43836454	Tel.: (525) 5 55 23 96 70
Fax: 00 34 93 435 50 33	Fax: (541) 1 43836454	Fax: (525) 5 55 23 96 70
www.paidotribo.com	www.paidotribo.com.ar	www.paidotribo.com.mx
paidotribo@paidotribo.com	paidotribo.argentina@paidotribo.com	paidotribo.mexico@paidotribo.com

1957, 1985 © Charles Tuttle Company, Ine, Tokio, Japón.

Título original: Zen flesh. Zen bones

Textos seleccionados por: Paul Reps y Nyogen Senzaki

Revisión técnica: Fidel Font
Traducción: Eva Alonso Porri
Diseño de cubierta: David Carretero

© 2006, Editorial Paidotribo
Les Guixeres
C/ de la Energía, 19-21
08915 Badalona (España)
Tel.: 93 323 33 11 - Fax: 93 453 50 33
E-mail: paidotribo@paidotribo.com
http://www.paidotribo.com

Primera edición
ISBN: 84-8019-877-X
Fotocomposición: Bartolomé Sánchez
                 bartez@telefonica.net
Impreso en España por: Sagrafic

Índice

PRÓLOGO, 11

101 HISTORIAS ZEN. TRANSCRITAS POR PAUL REPS Y
NYOGEN SENZAKI, 15

1. La taza de té, 19
2. Hallar un diamante en el barro del camino, 19
3. ¿Es así?, 21
4. Obediencia , 22
5. Si amas, ama abiertamente, 23
6. Ausencia de benevolencia, 23
7. Declaración, 24
8. Grandes Olas, 25
9. La luna no puede robarse, 26
10. El último poema de Hoshin, 26
11. La historia de Shunkai, 28
12. El chino feliz, 30
13. Un Buda, 30
14. Un camino embarrado, 31
15. Shoun y su madre, 32
16. No lejos del estado de Buda, 33
17. Tacaño en enseñanza, 34
18. Una parábola, 36
19. El primer principio, 36
20. El consejo de una madre, 37

21. El sonido de una sola mano, 38

22. Mi corazón arde como fuego, 39

23. La partida de Eshun, 40

24. Recitando sutras, 40

25. Tres días más, 41

26. Diálogo por alojamiento, 42

27. La voz de la felicidad, 43

28. Abrid vuestra propia casa del tesoro, 44

29. Ni agua ni luna, 44

30. Tarjeta de visita, 45

31. Todo es lo mejor, 45

32. El día más pequeño es como la joya más grande, 46

33. La mano de Mokusen, 46

34. La única sonrisa de su vida, 47

35. Zen de cada instante, 48

36. Lluvia de flores, 48

37. Publicar los sutras, 49

38. La labor de Gisho, 48

39. Dormir durante el día, 50

40. En el país de los sueños, 51

41. El zen de Joshu, 52

42. La respuesta del muerto, 52

43. Zen en la vida de un mendigo, 53

44. El ladrón que se convirtió en discípulo, 54

45. Correcto e incorrecto, 54

46. Cómo alcanzan la iluminación la hierba y los árboles, 55

47. El artista tacaño, 56

48. La proporción adecuada, 57

49. El Buda de la nariz negra, 58

50. La clara comprensión de Ryonen, 58

51. Mijo agriado, 60

52. Tu luz puede apagarse, 61

53. El que da debe estar agradecido, 61

54. La última voluntad y testamento, 62

55. El maestro de té y el asesino, 63

56. El sendero verdadero, 64

57. Las puertas del paraíso, 64

58. El arresto del Buda de piedra, 65

59. Soldados de la humanidad, 66

60. El túnel, 66

61. Gudo y el emperador, 68

62. En las manos del destino, 68

63. Matar, 69

64. El sudor de Kasan, 69

65. La subyugación del fantasma, 70

66. Los niños de Su Majestad, 71

67. ¡Qué estás haciendo! ¡Qué estás diciendo!, 72

68. Una nota de zen, 73

69. Comerse la culpa, 74

70. La cosa más valiosa del mundo, 74

71. Aprender a callar, 75

72. El señor zoquete, 75

73. Diez sucesores, 76

74. Una reforma verdadera, 76

75. Temperamento, 77

76. La mente de piedra, 78

77. Sin apego al polvo, 78

78. Verdadera prosperidad, 79

79. El incensario, 80

80. El verdadero milagro, 81

81. Vete a dormir, 82

82. Nada existe, 82

83. Quien no trabaja, no come, 83

84. Amigos de verdad, 83

85. Tiempo para morir, 84

86. El Buda viviente y el fabricante de bañeras, 84

87. Tres clases de discípulos, 85

88. Cómo escribir un poema chino, 86

89. Diálogo zen, 86

90. El último capón, 87

91. El temple de la espada de Banzo, 88

92. El zen del atizador de fuego, 89

93. El zen del cuentista, 90

94. Excursión a medianoche, 91

95. Carta a un moribundo, 91

96. Una gota de agua, 92

97. Enseñar lo esencial, 92

98. Desapego, 93

99. El vinagre de Tosui, 94

100. El templo silencioso, 95

101. El zen de Buda, 95

LA ENTRADA SIN PUERTA. POR EKAI, CONOCIDO COMO
MU-MON. TRANSCRITO POR NYOGEN SENZAKI Y PAUL
REPS, 97

1. El perro de Joshu, 103

2. El zorro de Hyakujo, 104

3. El dedo de Gutei, 106

4. Un extranjero imberbe, 107

5. Kyogen trepa al árbol, 108

6. Buda hace girar una flor, 108

7. Joshu lava el cuenco, 109

8. La rueda de Keichu, 110

9. Un buda ante la historia, 111

10. Seizei pobre y solo, 111

11. Joshu examina a un monje en meditación, 112

12. Zuigan llama a su maestro, 113

13. Tokusan sujeta su cuenco, 114

14. Nansen parte al gato por la mitad, 115

15. Los tres toques de Tozan, 115

16. Campanas y vestiduras, 117

17. Las tres llamadas del maestro del emperador, 117

18. Las tres libras de Tozan, 118

19. Cada día es el camino, 119

20. El hombre iluminado, 120

21. Estiércol seco, 120

22. El signo de la predicación de Kashapa, 121

23. No pienses bien, no pienses no-bien, 122

24. Sin palabras, sin silencio, 123

25. Predicar desde el tercer asiento, 124

26. Dos monjes enrollan la persiana, 124

27. No es mente, no es Buda, no es cosas, 125

28. Apaga la vela, 126

29. Ni el viento ni la bandera, 128

30. Esta mente es Buda, 128

31. Joshu investiga, 129

32. Un filósofo pregunta a Buda, 130

33. Esta mente no es Buda, 130

34. Aprender no es el camino, 131

35. Dos almas, 131

36. Encontrar a un maestro zen en el camino, 132

37. Un búfalo atraviesa la cerca, 133

38. Un roble en el jardín, 133

39. El desviadero de Ummon, 134

40. Volcar un vaso de agua, 134

41. Bodhidharma apacigua la mente, 135

42. La muchacha sale de la meditación, 136

43. El báculo corto de Shuzan, 137

44. El báculo de Basho, 138

45. ¿Quién es él?, 138

46. Procede desde lo alto del palo, 139

47. Las tres puertas de Tosotsu, 140

48. Un camino de Kembo, 140

49. La adición de Amban, 141

10 TOROS. POR KAKUAN. ILUSTRADO POR TOMIKICHIRO TOKURIKI. TRANSCRITO POR NYOGEN SENZAKI Y PAUL REPS, 143

La búsqueda del toro, 147

Descubrir las huellas, 148

Percibir al toro, 149

Apresar al toro, 150

Domar al toro, 151

Montarlo hasta casa, 152

Trascender al toro, 153

Trascender al toro y al propio ser, 154

Alcanzar la fuente, 155

En el mundo, 156

Centrarse. Transcrito por Paul Reps, 157

¿Qué es zen?, 171

PRÓLOGO

Este libro incluye cuatro obras:

En 1939, Rider and Company (Londres) y David McKay Company (Filadelfia). Dichos relatos recogen experiencias actuales de maestros zen japoneses y chinos a lo largo de un periodo de más de cinco siglos.

La entrada sin puerta la publicó por primera vez John Murray (Los Ángeles) en 1934. Es una colección de los problemas llamados *koan* que los maestros zen utilizan en la guía de sus estudiantes que un maestro chino recogió por primera vez en 1228.

10 toros la publicó por primera vez DeVorss and Company (Los Ángeles) en 1935, y posteriormente Ralph R. Phillips (Portland, Oregon). Es una traducción del chino de un famoso comentario del siglo XII sobre las etapas de la conciencia en el camino hacia la iluminación, y aquí está ilustrado por uno de los mejores artistas contemporáneos de Japón.

Centrarse es una transcripción de antiguos manuscritos sánscritos que apareció por primera vez en la primavera de 1955 en la revista neoyorquina *Gentry*. Presenta una enseñanza antigua, aún vigente en Cachemira y partes de India después de más de 4.000 años, que muy bien podría ser la raíz del zen.

Debemos agradecer a los editores mencionados que nos concedieron el permiso para reunir material. Y, sobre todo, estoy agradecido a Nyogen Senzaki, «monje sin hogar», amigo y colaborador ejemplar, quien tanto se deleitó conmigo en la transcripción de los tres primeros libros, casi como el clarividente Lakshmanjoo de Cachemira lo hizo el cuarto.

El primer patriarca zen, Bodhiddharma, llevó el zen a China desde India en el siglo VI. De acuerdo con su biografía, recogida en el año 1004 por el maestro chino Dogen, tras pasar nueve años en China, Bodhidaharma deseó regresar a su casa y reunió a sus discípulos a su alrededor para poner a prueba su percepción del conocimiento interior.

Dofuku dijo: «En mi opinión, la verdad está más allá de la afirmación o de la negación, pues ése es el modo en que se mueve».

Bodhidharma replicó: «Tenéis mi piel».

La monja Soji dijo: «Desde mi punto de vista, es como la visión de Ananda con respecto a la Tierra del Buda –vista una vez y para siempre–».

Bodhidharma respondió: «Tenéis mi carne».

Doiku dijo: «Los cuatro elementos, luz, aire, fluidez y solidez, están vacíos (esto es, incluidos), y los cinco *skandhas* son "no-cosas". En mi opinión, la nada o "no-cosa" (esto es, el espíritu) es la realidad».

Bodhidharma comentó: «Tenéis mis huesos».

Finalmente, Eka hizo una reverencia ante el maestro y permaneció en silencio.

Bodhidharma dijo: «Tenéis mi médula».

El antiguo zen era tan puro que fue recordado como un tesoro. Aquí hay fragmentos de su piel, carne, huesos, pero no de su médula, ya que ésta nunca se halló en las palabras.

La franqueza del zen ha hecho que muchos lo consideren proveniente de fuentes anteriores a la época de Buda, 500 a. C. Ahora el lector podrá juzgar esto por sí mismo, pues aquí tiene por primera vez en un libro las experiencias zen, los problemas de la mente, los estadios de la conciencia y una enseñanza similar que precede al zen en siglos.

El problema de nuestra mente, que relaciona el conocimiento consciente con el inconsciente, nos hace profundizar en la vida cotidiana. ¿Nos atreveremos a abrir nuestras puertas a la fuente de nuestro ser? ¿Para qué son la carne y los huesos?

Paul Reps

101 HISTORIAS ZEN

Transcritas por
PAUL REPS Y NYOGEN SENZAKI

Estas historias fueron traducidas al inglés del libro *Shaseki-shu* (Colección de Piedra y Arena), escrito a finales del siglo XIII por el maestro zen japonés Muju (El Desheredado), y de anécdotas de monjes zen extraídas de varios libros publicados en Japón a comienzos del siglo XX.

Para los orientales, más interesados en la oración que en los negocios, el hombre que se descubre a sí mismo es merecedor del máximo respeto, pues es el que se propone abrir su conciencia del mismo modo en que lo hizo Buda.

Así que estas historias tratan acerca del autodescubrimiento.

Lo que sigue es la adaptación del prólogo a la primera edición de dichos relatos en inglés.

El zen podría llamarse el arte interior de Oriente. Se enraizó en China con Bodhidharma, que llegó de India en el siglo VI, y fue llevado hacia Japón hacia el siglo XII. Ha sido descrito como: «Una enseñanza especial sin escrituras, más allá de las palabras y las letras, que apunta a la esencia del hombre, y observa directamente la propia naturaleza, alcanzando la iluminación».

El zen era conocido como *ch'an* en China. Los maestros de *ch'an*, en lugar de ser seguidores de Buda, aspiraban a ser sus compañeros y lograr la misma relación de correspondencia con el universo que lograron Buda o Jesús. El zen no es una secta sino una experiencia.

Esta corriente basada en la introspección para descubrir la propia naturaleza a través de la meditación mostraba una absoluta indiferencia hacia el formalismo, e insistía en su lugar en la autodisciplina y la vida sencilla. De este modo, acabó cautivando a la nobleza y a las clases gobernantes de Japón, y se ganó el respeto de todas las escuelas de pensamiento filosóficas de Oriente.

Los No dramas son historias zen. El espíritu zen ha venido a significar no sólo paz y conocimiento, sino también la devoción por el arte y el trabajo, la manifestación de la satisfacción, la apertura de la puerta hacia el discernimiento, la expresión de la belleza innata, el intangible encanto de lo incompleto. El zen contiene muchos significados, ninguno de ellos enteramente definible. Si se pudieran definir, no serían zen.

Se ha dicho que si tenéis zen en vuestra vida, no tendréis miedo, ni dudas, ni anhelos innecesarios, ni emociones extremas. Tampoco os turbarán las actitudes intolerantes ni las acciones egoístas. Serviréis a la humanidad humildemente, llenando vuestra presencia en este mundo con bondad y viendo vuestro tránsito como si se tratase de un pétalo desprendiéndose de una flor. Serenos, disfrutaréis de la existencia en bendita calma. Ése es el espíritu del zen, cuyo ropaje lo forman miles de templos en China y Japón, sacerdotes y monjes, prosperidad y prestigio.

Estudiar zen, el florecimiento de la propia naturaleza, no ha sido tarea fácil en ninguna época o cultura. Muchos maestros, verdaderos y falsos, se han propuesto ayudar a otros en este logro. Estas historias se han desarrollado a partir de innumerables aventuras zen. Quizá el lector pueda llevarlas a cabo en su vida diaria.

空 1. LA TAZA DE TÉ

Nan-in, un maestro japonés de la era Meiji (1868-1912), recibió en una ocasión la visita de un profesor de la universidad que acudió a preguntarle acerca del zen.

Nan-in sirvió el té. Colmó por completo la taza de su huésped y continuó vertiendo té.

El profesor observó el desbordamiento hasta que no pudo contenerse más: «¡Está rebosando. ¡No cabrá nada más!».

«Igual que esta taza», dijo Nan-in, «estás lleno de tus propias opiniones y especulaciones. ¿Cómo puedo enseñarte lo que es el zen a menos que vacíes primero tu taza?».

2. HALLAR UN DIAMANTE EN EL BARRO DEL CAMINO

Gudo era el maestro del emperador de su época. Sin embargo, acostumbraba a viajar solo como un mendigo errante. En una ocasión, yendo de camino hacia Edo, corazón cultural y político del shogunado, se acercó a la pequeña aldea de Takenaka. Había anochecido y llovía copiosamente. Gudo estaba completamente empapado. Sus sandalias de paja estaban deshechas. En una granja cercana a la aldea, vio cuatro o cinco pares de sandalias en una ventana y decidió comprar unas.

La mujer que le ofreció las sandalias, viendo cuán empapado estaba, le invitó a pasar la noche en su casa. Gudo aceptó, dándole las gracias. Entró y recitó un sutra ante el oratorio familiar. Hecho esto, la mujer le presentó a su madre y a sus hijos. Al darse cuenta de que toda la familia estaba afligida, Gudo preguntó qué ocurría.

«Mi marido es un jugador y un borracho», contestó la mujer. «Cuando tiene suerte y gana, empieza a beber y se vuelve agresivo. Cuando pierde, pide dinero prestado a los demás. Algunas veces, cuando está completamente borracho, ni siquiera vuelve a casa. ¿Qué puedo hacer?».

«Yo le ayudaré», dijo Gudo. «Toma este dinero. Consígueme un galón de vino y algo apetitoso para comer. Después retírate. Yo me quedaré meditando frente al altar».

Cuando el hombre de la casa regresó borracho, alrededor de la medianoche gritó: «Eh, esposa, estoy en casa. ¿Tienes algo de comer para mí?».

«Yo tengo algo para ti», dijo Gudo. «La lluvia me sorprendió y tu mujer me invitó amablemente a pasar aquí la noche. A cambio, he comprado algo de vino y pescado, de modo que puedes comer».

El hombre se mostró encantado. Inmediatamente, bebió el vino y se tumbó en el suelo. Gudo se sentó a su lado en postura de meditación.

Por la mañana, cuando el marido despertó, había olvidado lo sucedido la noche anterior. «¿Quién eres? ¿De dónde vienes?», preguntó a Gudo, que continuaba meditando.

«Soy Gudo, de Kioto, y voy camino de Edo», respondió el maestro zen.

El hombre se sintió completamente avergonzado, y se deshizo en disculpas al maestro de su emperador.

Gudo sonrió. «Todo en este mundo es perecedero», explicó. «La vida es muy breve. Si sigues jugando y bebiendo, no tendrás tiempo de hacer nada más, y además causarás sufrimiento a tu familia».

La percepción del hombre despertó como si saliera de un sueño. «Tienes razón», declaró. «¿Cómo podré pagarte por esta maravillosa enseñanza? Permíteme que te acompañe y lleve tus cosas durante un trecho».

«Si así lo deseas», asintió Gudo.

Ambos partieron. Tras haber recorrido tres millas, Gudo le dijo que regresara. «Sólo cinco millas más», suplicó a Gudo y continuaron.

«Puedes volver ahora», sugirió Gudo.

«Después de otras diez millas», replicó el hombre.

«Vuelve ahora», dijo Gudo cuando hubieron pasado las diez millas.

«Voy a seguirte durante el resto de mi vida», declaró el hombre.

Los profesores de zen en el Japón actual proceden del linaje de un famoso maestro que fue el sucesor de Gudo. Su nombre era Mu-nan, *El Hombre que nunca volvió*.

 3. ¿ES ASÍ?

El maestro zen Hakuin era conocido entre sus vecinos por llevar una vida pura.

Cerca de su casa vivía una hermosa muchacha japonesa, cuyos padres regentaban una tienda de comida. De pronto, los padres descubrieron que estaba embarazada y se enfadaron mucho. Ella no quería confesar quién era el padre, pero, tras mucho hostigamiento, al final nombró a Hakuin.

Terriblemente irritados, los padres fueron a ver al maestro. «¿Es así?», fue todo lo que dijo.

Cuando el niño nació, lo llevaron ante Hakuin. Para entonces, éste había perdido su reputación, lo cual no le preocupaba, pero cuidó muy bien al niño. Consiguió leche de sus vecinos y todo cuanto el pequeño necesitaba.

Un año más tarde, la joven madre no pudo soportarlo más y confesó la verdad a sus padres: que el verdadero padre del niño era un joven que trabajaba en la pescadería.

Una vez sabido esto, la madre y el padre de la muchacha fueron inmediatamente a ver a Hakuin para pedirle perdón, para deshacerse en disculpas y para recuperar al niño.

Hakuin no se negó. Es más, al entregar al niño, todo lo que dijo fue: «¿Es así?».

 ## 4. OBEDIENCIA

A las charlas que daba el maestro Bankei no sólo asistían los estudiantes de zen, sino personas de todo rango y credo. Nunca citaba sutras ni se enzarzaba en largas y embrolladas discusiones escolásticas. Por el contrario, sus palabras salían directamente desde su corazón hacia los corazones de sus oyentes.

Sus largas audiencias irritaban a un sacerdote de la secta Nichiren porque sus adeptos lo habían abandonado para oír hablar de zen. Por ello, el egocéntrico sacerdote de Nichiren fue al templo con la determinación de debatir con Bankei.

«¡Eh, maestro zen!», gritó. «Espera un momento. Quienquiera que te respete, obedecerá lo que digas, pero un hombre como yo no te respeta. ¿Cómo puedes hacer que te obedezca?».

«Ven a mi lado y te lo mostraré», dijo Bankei.

Orgullosamente, el sacerdote se abrió paso entre la multitud hasta llegar al maestro.

Bankei sonrió. «Ponte a mi izquierda».

El sacerdote obedeció.

«No», dijo Bankei, «hablaremos mejor si te colocas a mi derecha. Ponte aquí.»

El sacerdote se dirigió altivamente hacia la derecha.

«Lo ves», observó Bankei, «estás obedeciéndome y yo pienso que eres una persona muy dócil. Ahora siéntate y escucha».

5. SI AMAS, AMA ABIERTAMENTE

Veinte monjes y una monja, cuyo nombre era Eshun, practicaban meditación con cierto maestro zen.

A pesar de que su cráneo estaba afeitado y de que su vestimenta era muy sencilla, Eshun era muy hermosa y varios monjes se enamoraron de ella en secreto. Uno de ellos le escribió una carta de amor, insistiendo en un encuentro privado.

Eshun no respondió. Al día siguiente, el maestro dio una lección al grupo y, cuando acabó, Eshun se levantó. Dirigiéndose al que le había escrito, dijo: «Si realmente me amas tanto, ven y abrázame ahora».

6. AUSENCIA DE BENEVOLENCIA

Había una anciana en China que había ayudado a un monje durante más de veinte años. Había construido una pequeña cabaña para él y le había alimentado mientras él meditaba. Finalmente, se preguntaba qué progreso había hecho su protegido en todo ese tiempo.

Para averiguarlo, consiguió la ayuda de una muchacha muy ardiente. «Ve y abrázalo», le dijo, «y entonces pregúntale de repente: "¿Y ahora qué?"».

La muchacha llamó al monje y sin muchos preliminares empezó a acariciarlo, preguntándole qué iba a hacer al respecto.

«Un viejo árbol crece en una fría roca en invierno», respondió el monje de un modo un tanto poético. «En ningún lugar hay calor».

La joven regresó y contó lo que él había dicho.

«¡Pensar que lo he estado alimentando durante veinte años!», exclamó la anciana con rabia. «No ha mostrado ninguna consideración hacia tu necesidad, ninguna disposición a explicar tu condición. No tenía que responder necesariamente a la pasión, pero por lo menos podía haber mostrado algo de compasión».

Al momento se dirigió a la cabaña del monje y la incendió.

告 7. DECLARACIÓN

Tanzan escribió sesenta tarjetas postales en el último día de su vida y pidió a un ayudante que las enviara por correo. Entonces murió.

Las postales leían:

Parto de este mundo.
Ésta es mi última declaración.

Tanzan
27 de julio de 1892

8. GRANDES OLAS

En los primeros días de la era Meiji vivía un luchador bien conocido llamado O-nami, *Grandes Olas*.

O-nami era inmensamente fuerte y conocía el arte de la lucha. En sus entrenamientos privados vencía incluso a su maestro, pero en público era tan tímido que sus propios discípulos le tiraban al suelo.

O-nami pensó que debía ir a pedir ayuda a un maestro zen. Hakuju, un maestro errante, se encontraba en un pequeño templo cercano, de modo que O-nami fue a verlo y le explicó su grave problema.

«Grandes Olas es tu nombre», dijo el maestro, «de modo que te quedarás en este templo esta noche. Imagina que eres esas olas. Ya no eres un luchador asustado. Eres esas grandes olas barriéndolo todo ante ellas, tragando todo lo que encuentran a su paso. Haz esto y serás el mejor luchador sobre la faz de la tierra».

El maestro se retiró. O-nami se sentó a meditar intentando imaginarse a sí mismo como unas olas. Para ello, pensó en muchas cosas diferentes. Entonces, de forma gradual, se acercó más y más a la sensación de ser como unas olas. A medida que la noche avanzaba, éstas se hacían más y más grandes. Se llevaron las flores con sus tiestos. Incluso se inundó el Buda en el altar. Antes del amanecer, el templo no era otra cosa que el flujo y reflujo de un inmenso mar.

Por la mañana, el maestro encontró a O-nami meditando, con una débil sonrisa en su rostro. Dio un golpecito en el hombro del luchador. «Ahora nada podrá turbarte», le dijo. «Tú eres esas olas. Barrerás todo lo que tengas ante ti».

El mismo día, O-nami participó en los campeonatos de lucha y venció. Después de eso, no hubo nadie en Japón capaz de vencerlo.

月 9. LA LUNA NO PUEDE ROBARSE

Ryokan, un maestro zen, vivía del modo más sencillo en una peque-ña choza al pie de una montaña. Una noche, un ladrón visitó la caba-ña sólo para descubrir que en ella no había nada que robar.

Ryokan volvió y lo sorprendió. «Probablemente has hecho un largo camino para venir a visitarme», dijo al ladrón, «y no deberías regresar con las manos vacías. Te ruego te lleves mi ropa como presente».

El ladrón se quedó perplejo. Cogió la ropa y se escabulló.

Ryokan se sentó, desnudo, observando la luna. «Pobre hombre», musitó, «ojalá hubiera podido darle esta hermosa luna».

終 10. EL ÚLTIMO POEMA DE HOSHIN

El maestro zen Hoshin vivió durante muchos años en China. Después, regresó al noreste de Japón, donde enseñaba a sus discípulos. Cuando ya se estaba haciendo muy mayor, les contó una historia que había oído en China. Ésta es la historia:

El veinticinco de diciembre de cierto año, Tokufu, que era muy mayor, dijo a sus discípulos: «No seguiré vivo el año que viene, de modo que deberíais tratarme bien este año».

Los discípulos creyeron que estaba bromeando, pero como era un maestro de gran corazón, cada uno le trató con gran atención en los siguientes días del año que se iba.

En la víspera del nuevo año, Tokufu concluyó: «Habéis sido buenos conmigo. Os dejaré mañana por la tarde cuando haya dejado de nevar».

Los discípulos rieron, pensando que estaba chocheando y diciendo sandeces, dado que la noche era clara y sin nieve. Pero a medianoche comenzó a caer la nieve, y al día siguiente no pudieron encontrar a su maestro. Se dirigieron a la sala de meditación. Allí, donde lo hallaron muerto.

Hoshin, que relató esta historia, dijo a sus discípulos: «No es necesario para un maestro zen predecir su muerte, pero si realmente lo desea, puede hacerlo».

«¿Puedes tú?», preguntó alguien.

«Sí», contestó Hosin. «Os mostraré lo que puedo hacer de aquí en siete días».

Ninguno de los discípulos lo creyó, y la mayoría de ellos incluso habían olvidado la conversación cuando Hoshin los volvió a llamar.

«Hace siete días», remarcó, «dije que iba a dejaros. Es costumbre escribir un poema de despedida, pero no soy poeta ni calígrafo. Dejemos que uno de vosotros escriba mis últimas palabras».

Sus seguidores creyeron que estaba bromeando, pero uno de ellos comenzó a escribir.

«¿Estás preparado?», preguntó Hoshin.

«Sí, señor», replicó el escriba.

Entonces Hoshin dictó:

> *Vengo del resplandor.*
> *Y regreso a él.*
> *¿Qué es esto?*

El poema sólo tenía tres líneas, en lugar de las cuatro habituales, de modo que el discípulo dijo: «Maestro, falta un verso».

Hoshin, con el rugido de un león victorioso, gritó «¡Kaa!» y se fue.

11. LA HISTORIA DE SHUNKAI

La exquisita Shunkai, también llamada Suzu, fue obligada a casarse en contra de su voluntad cuando era muy joven. Más tarde, después de que el matrimonio finalizara, fue a la universidad, donde estudió filosofía.

Ver a Shunkai era enamorarse de ella. Más aún, dondequiera que fuese, ella misma se enamoraba de los demás. El amor estuvo junto a ella en la universidad, y después, cuando la filosofía no la satisfizo y se fue a un templo para aprender zen, también los estudiantes de allí se enamoraron de ella. Toda la vida de Shunkai estaba repleta de amor.

Finalmente, en Kyoto se convirtió en una verdadera estudiante de zen. Sus hermanos del subtemplo de Kennin elogiaban su sinceridad. Uno de ellos resultó ser un espíritu afín y la asistió en el estudio del zen.

El abad de Kennin, Mokurai, *El Trueno Silencioso*, era severo. Él mismo guardaba los preceptos y esperaba que sus sacerdotes hicieran lo mismo. En el Japón moderno, el interés que los monjes habían perdido por el budismo lo habían ganado para poseer esposas. Mokurai acostumbraba a coger una escoba y ahuyentar a las mujeres cuando las encontraba en cualquiera de sus templos, pero cuantas más esposas echaba, más parecían volver.

En este particular templo, la esposa del sacerdote principal tuvo celos de la aplicación y belleza de Shunkai. Escuchar a los estudiantes elogiar su seriedad en el zen hizo que esta esposa se retorciera de rabia. Po ello, difundió un rumor sobre Shunkai y el joven que era su amigo. Y, como consecuencia de esto, él fue expulsado y Shunkai fue trasladada del templo.

«Puedo haber cometido el error de amar», pensó Shunkai, «pero la mujer del sacerdote no debería permanecer tampoco en el templo si mi amigo va a ser tratado tan injustamente».

Esa misma noche, Shunkai prendió fuego al templo de quinientos años y lo quemó hasta los cimientos. Por la mañana, se encontró a sí misma en manos de la policía.

Un joven abogado se interesó en su caso e intentó ayudarla para reducir su condena. «No me ayudes», le dijo ella. «Puede que decida hacer algo que sólo llevaría a que me encarcelaran de nuevo».

Finalmente, tras cumplir una sentencia de siete años, Shunkai salió de prisión, cuyo guardián, que contaba sesenta años, se había enamorado de ella.

Pero ahora todo el mundo la miraba como a una «presidiaria». Nadie quería verse relacionado con ella. Incluso la gente del mundo zen, que supuestamente cree en la iluminación en esta vida y con este cuerpo, se apartaba de ella. El zen, descubrió Shunkai, era una cosa, y los seguidores del zen, otra bien distinta. Sus familiares tampoco quisieron saber nada de ella. Y Shunkai enfermó, se empobreció y se debilitó.

Finalmente, encontró a un sacerdote de la secta Shinshu que le enseñó el nombre del Buda del Amor, y en éste halló Shunkai consuelo y paz. Murió cuando aún era exquisitamente hermosa y con apenas treinta años de edad.

Escribió su propia historia en un fútil intento por mantenerse, y parte de la misma se la contó a una escritora. De ese modo llegó a la gente de Japón. Aquellos que rechazaron a Shunkai, los que la difamaron y la odiaron, leen ahora su vida con lágrimas de remordimiento.

福 12. EL CHINO FELIZ

Cualquiera que pasee por alguno de los barrios chinos de Estados Unidos observará las distintas estatuas de un rechoncho personaje con un saco de lino a sus espaldas. Los comerciantes chinos lo llaman Chino Feliz o Buda Sonriente.

Dicho personaje se llamaba Hotei, y vivió durante la dinastía T'ang. No tenía ningún deseo de ser considerado un maestro zen ni de reunir a muchos discípulos a su alrededor. En lugar de eso, se dedicaba a recorrer las calles con un gran saco que llenaba de caramelos, frutas o roscos, que regalaba a los niños que se se unían para jugar. De este modo, creó un jardín de infancia callejero.

Cuando quiera que se encontraba a un devoto del zen, extendía su mano y decía: «Dame una moneda».

En una ocasión, cuando iba a comenzar a trabajar-jugar, otro maestro zen pasó por su lado y le preguntó: «¿Cuál es el significado del zen?».

Hotei dejó caer inmediatamente su saco al suelo en silenciosa respuesta.

«Entonces», preguntó el otro, «¿cuál es la realización del zen?».

Al punto, el Chino Feliz cargó el saco sobre su hombro y continuó su camino.

佛 13. UN BUDA

En Tokio, durante la era Meiji, vivían dos prominentes maestros de características opuestas. Uno de ellos, Unsho, instructor de Shingon, guardaba escrupulosamente los preceptos de Buda. Nunca bebía alcohol, ni comía después de las once de la mañana. El otro maestro, Tanzan, profesor de filosofía en la universidad imperial, nunca observaba los preceptos. Cuando tenía hambre, comía, y si tenía sueño durante el día, dormía.

Un día, Unsho visitó a Tanzan, que en ese momento se encontraba bebiendo vino, del que se supone que ni una sola gota debe tocar la lengua de un budista.

«Hola, hermano», le saludó Tanzan. «¿No quieres un trago?».

«¡Nunca bebo!», exclamó Unsho solemnemente.

«Alguien que no bebe no es ni siquiera humano», dijo Tanzan.

«¿Pretendes llamarme inhumano sólo porque no transijo en beber líquidos embriagantes?», exclamó Unsho enfadado. «Entonces, si no soy humano, ¿qué soy?».

«Un buda», respondió Tanzan.

難 14. UN CAMINO EMBARRADO

En una ocasión, Tanzan y Ekido caminaban juntos por un camino embarrado. Caía una fuerte lluvia.

Al doblar un recodo, se encontraron con una encantadora joven vestida con un kimono de seda, que no podía cruzar.

«Ven, muchacha», dijo Tanzan al punto. Y tomándola en sus brazos, la alzó por encima del lodo.

Ekido no volvió a hablar hasta la noche, cuando llegaron a un monasterio. Entonces no pudo contenerse más. «Nosotros los monjes debemos mantenernos apartados de las mujeres», dijo a Tanzan, «especialmente si son jóvenes y encantadoras. Es peligroso. ¿Por qué hiciste eso?».

«Yo dejé a la muchacha allí», dijo Tanzan. «¿Tú todavía la llevas contigo?».

15. SHOUN Y SU MADRE

Shoun llegó a ser un maestro de soto zen. Cuando aún era un estudiante, su padre murió, dejándolo al cuidado de su anciana madre.

Siempre que Shoun iba a la sala de meditación, llevaba consigo a su madre. Pero al estar acompañado por ella, cuando visitaba monasterios no podía cohabitar con los monjes. De modo que construyó una pequeña casa y allí cuidó de ella. Se dedicó a copiar sutras y versos budistas, y de esta forma recibía unas pocas monedas para comer.

Cuando Shoun compraba pescado para su madre, la gente se burlaba de él, pues se sabe que un monje no debe comer pescado. Pero a Shoun no le importaba. Su madre, sin embargo, se sentía dolida al ver que se reían de su hijo. Por fin, un día le dijo a Shoun: «Creo que voy a ordenarme monja. Puedo hacerme vegetariana también». Así lo hizo, y se dedicaron a estudiar juntos.

Shoun era muy aficionado a la música y tocaba con destreza el arpa, que también tocaba su madre. En las noches de luna llena solían tocar juntos al unísono.

Una noche, una joven pasó por su casa y oyó la música. Profundamente impresionada, invitó a Shoun a visitarla la noche siguiente y a tocar para ella. Él aceptó la invitación. Algunos días después, se encontró con la joven en la calle y le dio las gracias por su hospitalidad. La gente se rió de él. Había estado en la casa de una mujer de la calle.

En cierta ocasión, Shoun tuvo que ir a un templo algo distante para dar una conferencia. Unos meses más tarde, regresó a casa y vio que su madre había muerto. Sus amigos no habían sabido dónde encontrarle, de modo que el funeral ya se estaba celebrando.

Shoun se dirigió hacia la comitiva y dio un golpe en el ataúd con su bastón. «Madre, tu hijo ha vuelto», dijo.

«Estoy contenta de ver que has regresado, hijo», respondió él por su madre.

«Sí, yo también estoy contento», contestó Shoun. Entonces anunció a las personas que le rodeaban: «El funeral ha terminado. Podéis enterrar el cadáver».

Cuando Shoun se hizo mayor, supo que su fin se acercaba. Pidió a sus discípulos que se congregaran a su alrededor a la mañana siguiente, y les dijo que iba a morir al mediodía. Mientras quemaba incienso ante los retratos de su madre y de su maestro, escribió un poema:

> *Durante cincuenta y seis años he vivido lo mejor que he podido,*
> *Cumpliendo mi propósito en este mundo.*
> *Ahora que la lluvia ha cesado, las nubes desaparecen,*
> *En el cielo azul hay una luna llena.*

Sus discípulos le rodearon, recitando un sutra, y Shoun falleció durante la invocación.

16. NO LEJOS DEL ESTADO DE BUDA

Un estudiante de la universidad visitó en una ocasión a Gasan y le preguntó: «¿Has leído alguna vez la Biblia cristiana?».

«No, léemela», dijo Gasan.

El estudiante abrió la Biblia y leyó desde San Mateo: «¿Y por qué preocuparse por lo que vestiréis? Considerad los lirios del campo, cómo crecen. No trabajan, ni hilan, pero os digo que ni aún Salomón en toda su gloria se atavió como uno de ellos... De modo que no os inquietéis por el día de mañana, pues el mañana traerá su propia inquietud".

Gasan dijo: "Quienquiera que dijera tales palabras, lo considero un hombre iluminado».

El estudiante continuó leyendo: «Pedid, y se os dará; buscad, y hallaréis; llamad, y se os abrirá. Porque todo aquel que pide, recibe; y el que busca, halla; y al que llama, se le abre».

Gasan remarcó: «Eso es excelente. Quienquiera que dijera eso no se halla lejos del estado de Buda».

敎 17. TACAÑO EN ENSEÑANZA

Un joven médico de Tokio llamado Kusuda se encontró con un colega que había estado estudiando zen. El joven doctor le preguntó qué era el zen.

«No puedo explicarte lo que es», replicó su amigo, «pero una cosa es cierta. Si comprendes el zen, no tendrás ningún miedo a morir».

«Eso está bien», dijo Kusuda. «Lo probaré. ¿Dónde puedo encontrar un maestro?».

«Ve a buscar al maestro Nan-in», le dijo su amigo.

De modo que Kusuda fue al encuentro de Nan-in. Llevaba una daga de nueve pulgadas y media de longitud para determinar si el maestro tenía o no miedo a morir.

Cuando Nan-in vio a Kusuda exclamó: «Hola, amigo. ¿Cómo estás? ¡Hace tanto tiempo que no nos veíamos!».

Esto dejó perplejo a Kusuda, quien replicó: «Nunca antes nos habíamos visto».

«Tienes razón», contestó Nan-in. «Te he confundido con otro médico que está aquí recibiendo instrucción».

Con dicho comienzo, Kusuda perdió su oportunidad de poner a prueba al maestro, de forma que preguntó de mala gana si podría recibir la enseñanza zen.

Nan-in dijo: «El zen no es una tarea difícil. Si eres médico, trata a tus pacientes con amabilidad. Eso es zen».

Kusuda visitó a Nan-in tres veces, y en cada ocasión Nan-in le dijo lo mismo. «Un médico no debería perder su tiempo aquí. Ve a casa y ocúpate de tus pacientes».

Para Kusuda no estaba claro en qué modo esa enseñanza podía erradicar el miedo a la muerte. Así que, en su cuarta visita, se quejó: «Mi amigo me dijo que cuando se estudia zen se pierde el miedo a la muerte. Cada vez que vengo, lo único que me dices es que me ocupe de mis pacientes. Eso ya lo sé. Si esto es a lo que llamáis zen, no te visitaré más».

Nan-in sonrió y dio unas palmaditas al doctor. «He sido muy estricto contigo. Permíteme darte un *koan*». Y a continuación le di el *koan* de Joshu para que trabajara, siendo éste el primer supuesto para la iluminación recogido en el libro *La entrada sin puerta*.

Kusuda consideró con atención el problema de Mu (la nada o nocosa) durante dos años. Al final creyó haber encontrado una respuesta, pero su maestro comentó: «Aún no».

Kusuda continuó meditando durante otro año y medio. Su mente se volvió plácida. Los problemas se disiparon. El vacío, la no-cosa o nada

se convirtió en la verdad. Atendía bien a sus pacientes y, sin ni siquiera darse cuenta, se liberó de la preocupación sobre la vida y la muerte.

Entonces, cuando visitó a Nan-in, su viejo maestro se limitó a sonreír.

絶 18. UNA PARÁBOLA

Buda explicaba la siguiente parábola en un sutra:

Un hombre que paseaba por un campo se encontró con un tigre. Huyó corriendo y el tigre corrió detrás de él. Al llegar a un precipicio, se agarró a la raíz de una parra y se quedó colgando sobre el abismo. El tigre lo olfateaba desde arriba. Temblando, el hombre miró hacia abajo, donde otro tigre lo estaba esperando. Sólo la parra lo sostenía.

Dos ratones, uno blanco y otro negro, comenzaron a roer poco a poco la raíz. A su lado, el hombre vio una fresa de aspecto suculento. Agarrándose a la parra con una mano, alcanzó la fresa con la otra. ¡Qué deliciosa estaba!

障 19. EL PRIMER PRINCIPIO

Cualquiera que vaya al templo de Obaku, en Kioto, verá grabadas sobre la puerta de entrada las palabras «El Primer Principio». Las letras tienen un tamaño inusualmente grande, y aquellos que aprecian la caligrafía, siempre las admiran como una obra maestra. Las realizó Kosen hace doscientos años.

Cuando las creó, el maestro las dibujó sobre un papel, a partir del cual se hizo el tallado de mayor tamaño sobre la madera. Mientras

Kosen realizaba las letras, en todo momento estuvo junto a él un osado discípulo que había preparado varios galones de tinta para la caligrafía y que no dejaba de criticar la obra de su maestro.

«Eso no está bien», dijo a Kosen tras el primer esfuerzo.

«¿Y ahora?».

«Pobre. Peor que antes», dijo el pupilo.

Pacientemente, Kosen escribió una hoja después de otra hasta acumular ochenta y cuatro Primeros Principios, sin conseguir la aprobación de su discípulo.

Entonces, cuando el joven salió por un momento, Kosen pensó: «Ahora es mi oportunidad de escapar a su ojo vigilante», y escribió apresuradamente, con la mente libre de toda preocupación: «El primer Principio».

«Una obra maestra», afirmó el discípulo.

20. EL CONSEJO DE UNA MADRE

Jiun, un maestro del Shogun, era un reconocido estudiante de sánscrito en la era Tokugawa. Cuando era joven, solía dar conferencias a sus compañeros de estudios.

Su madre tuvo noticia de ello y le escribió una carta:

«Hijo, no creo que puedas convertirte en un devoto de Buda si lo que deseas es convertirte en un diccionario ambulante para los demás. No hay final para la información y los comentarios, la gloria y el honor. Me gustaría que dejaras esta actividad. Retírate a un pequeño templo en algún lugar remoto de la montaña. Dedica tu tiempo a la meditación y alcanza de este modo el verdadero conocimiento».

21. EL SONIDO DE UNA SOLA MANO

El maestro del templo de Kennin era Mokurai, llamado *El Trueno Silencioso*. Tenía un pequeño protegido de nombre Toyo que tan sólo contaba doce años de edad. Toyo veía cómo los discípulos mayores visitaban la habitación del maestro cada mañana y cada tarde para recibir instrucción o guía personal mediante *koans* para detener así los enredos de la mente.

Toyo deseó practicar también zazen.

«Espera un poco», dijo Mokurai. «Aún eres demasiado joven».

Pero el muchacho insistió, de modo que el maestro finalmente consintió.

Por la tarde, el pequeño Toyo fue a la hora prevista al umbral de la habitación de zazen de Mokurai. Hizo sonar el gong para anunciar su presencia, realizó tres veces la reverencia en la puerta, y fue a sentarse junto al maestro en actitud de respetuoso silencio.

«Puedes escuchar el sonido de dos manos cuando aplauden», dijo Mokurai. «Ahora muéstrame el sonido de una sola mano».

Toyo hizo una reverencia y se fue a su habitación para considerar el problema. Desde su ventana podía oír la música de las geishas. «¡Ah, lo tengo!», exclamó.

La tarde siguiente, cuando su maestro le pidió que ilustrara el sonido de una sola mano, Toyo comenzó a imitar la música de las geishas.

«No, no», dijo Mokurai. «Nada de eso. Ése no es el sonido de una sola mano. No lo has comprendido».

Pensando que la música podría interrumpirle, Toyo se retiró entonces a un tranquilo lugar. Meditó de nuevo. «¿Cuál podrá ser el sonido de una sola mano?». En ese momento llegó a sus oídos el murmullo de agua goteando. «Lo tengo», se dijo Toyo.

Cuando compareció de nuevo ante su maestro, reprodujo el sonido del agua.

«¿Qué es eso?» preguntó Mokurai. «Éste es el sonido de agua goteando, pero no el de una sola mano. Inténtalo de nuevo».

En vano Toyo meditó para oír el sonido de una sola mano. Oyó el suspirar del viento. Pero el sonido fue rechazado.

Oyó el canto de una lechuza. También fue rechazado.

El sonido de una sola mano tampoco estaba en los saltamontes.

Más de diez veces se presentó Toyo ante Mokurai con diferentes sonidos. Todos eran erróneos. Durante casi un año estuvo pensando en cómo podría ser el sonido de una sola mano.

Finalmente, Toyo entró en meditación verdadera y trascendió todos los sonidos. «No pude recoger ninguno más», explicó más tarde, «así que llegué al sonido que no suena».

Toyo había reconocido el sonido de una sola mano.

22. MI CORAZÓN ARDE COMO FUEGO

Soyen Shaku, el primer maestro zen que viajó a América, decía: «Mi corazón arde como fuego pero mis ojos están fríos como cenizas muertas». Creó las siguientes reglas, que él mismo practicaría todos los días de su vida:

Por la mañana, antes de vestirte, quema incienso y medita.

Retírate a una hora fija. Come a intervalos regulares. Come con moderación y nunca hasta llegar al punto de saciedad.

Recibe a tus invitados con la misma actitud que tienes cuando estás solo. Cuando estés solo, mantén la misma actitud que al recibir invitados.

Observa lo que dices y, sea lo que sea, ponlo en práctica.

Cuando se te presente una oportunidad, no la dejes escapar, pero piensa siempre dos veces antes de actuar.

No te lamentes por el pasado. Mira hacia el futuro.

Ten la actitud valiente de un héroe y el corazón amoroso de un niño.

Al acostarte, duerme como si fuera tu último sueño. Al levantarte, deja tu cama de inmediato como si tiraras un par de zapatos viejos.

23. LA PARTIDA DE ESHUN

Cuando Eshun, la monja zen, había pasado de los sesenta años y estaba a punto de dejar este mundo, pidió a algunos monjes que apilaran leña en el patio.

A continuación se sentó con decisión en el centro de la pira funeraria y prendió fuego por los bordes.

«¡Oh, hermana!», gritó uno de los monjes, «¿no hace calor ahí dentro?».

«Semejante cuestión sólo puede preocupar a una persona tan estúpida como tú», contestó Eshun.

Las llamas se levantaron y ella murió.

24. RECITANDO SUTRAS

Un granjero hizo llamar a un sacerdote de la secta Tendai para que recitara sutras en memoria de su esposa, que había fallecido. Cuando la lectura terminó, el granjero preguntó: «¿Crees que mi mujer ganará algún mérito con esto?».

«No sólo tu mujer, sino todos los seres vivos se beneficiarán de la recitación de los sutras», contestó el sacerdote.

«Si, como dices, todos los seres vivos se beneficiarán», dijo el granjero, «puede que otros se beneficien de la debilidad de mi mujer, quedándose con los méritos que a ella le corresponden. Le ruego que recite los sutras sólo para ella».

El sacerdote explicó que el anhelo de un budista era ofrecer bendiciones y desear méritos para todo ser vivo.

«Es una enseñanza hermosa», aceptó el granjero, «pero te ruego que hagas una excepción. Tengo un vecino que se comporta de un modo grosero y mezquino conmigo. Exclúyelo de todos esos seres vivos».

25. TRES DÍAS MÁS

Suiwo, el discípulo de Hakuin, era un buen maestro. Durante un período de retiro veraniego, recibió la visita de un pupilo de una isla del sur de Japón.

Suiwo le dio el siguiente problema: «Escucha el sonido de una sola mano».

El pupilo se quedó tres años, pero no pudo resolver el problema. Una noche se presentó ante Suiwo con lágrimas en los ojos. «Tendré que regresar al sur en la vergüenza y el oprobio», dijo, «pues no he conseguido resolver mi problema».

«Espera una semana más y medita constantemente», le aconsejó Suiwo. Pero, a pesar de ello, la iluminación no llegaba al pupilo. «Inténtalo otra semana más», dijo Suiwo. Y el pupilo obedeció, pero todo su esfuerzo fue de nuevo en vano.

«Permanece otra semana». Pero era inútil. Desesperado, el estudiante rogó que lo dejara marchar, pero Suiwo propuso cinco días más de meditación. No hubo resultado. Entonces dijo: «Medita tres días más, si no alcanzas la iluminación, será mejor que te suicides».

Al segundo día el pupilo se iluminó.

26. DIÁLOGO POR ALOJAMIENTO

Cualquier monje vagabundo puede quedarse en un templo zen siempre que proponga, y gane, un debate sobre budismo con los que viven en él.

En un templo situado al norte de Japón, vivían solos dos hermanos que eran monjes. El mayor era docto, pero el menor era estúpido y le faltaba un ojo.

Un buen día, un monje vagabundo llegó y pidió alojamiento, proponiendo a los hermanos un debate sobre la sublime enseñanza. El hermano mayor, cansado ese día de mucho estudiar, dijo al menor que ocupara su lugar. «Ve y propón que el diálogo se haga en silencio», le advirtió.

De modo que el joven monje y el forastero se dirigieron al oratorio y tomaron asiento.

Poco después, el viajero se levantó y fue hacia donde se encontraba el hermano mayor, al que dijo: «Tu hermano menor es fantástico. Me ha derrotado».

«Cuéntame cómo fue el diálogo», dijo el hermano mayor.

«Bien», explicó el viajero, «primero levanté un dedo, representando a Buda, el iluminado. Él levantó dos dedos, indicando a Buda y a sus enseñanzas. Levanté tres dedos, representando a Buda, sus enseñanzas y sus seguidores, llevando una vida armoniosa. Entonces agitó su puño cerrado frente a mi rostro, indicando que las tres cosas proceden de una realización única. Por tanto, ha ganado y no tengo derecho a quedarme». Tras decir esto, partió.

«¿Dóndes está ese tipo?», preguntó el hermano menor corriendo hacia su hermano mayor.

«Tengo entendido que ganaste el debate».

«No gané nada. Le voy a dar una paliza».

«Cuéntame el tema del debate», pidió el hermano mayor.

«Vaya, en cuanto me vio me levantó un dedo, insultándome al insinuar que tenía un solo ojo. Dado que era un forastero, pensé que debía ser cortés con él, de modo que levanté dos dedos, felicitándole porque tenía dos ojos. Entonces el muy miserable levantó tres dedos sugiriendo que entre los dos sólo teníamos tres ojos. De modo que me enfureció y empecé a darle puñetazos, pero se escapó corriendo y así acabó todo».

誠 27. LA VOZ DE LA FELICIDAD

Tras la muerte de Bankei, un hombre ciego que vivía cerca del templo del maestro le dijo a un amigo: «Desde que soy ciego, no puedo ver el rostro de una persona, así que debo juzgar su carácter por el sonido de su voz. Habitualmente, cuando oigo a alguien felicitar a otro por su buena suerte o su éxito, oigo también un secreto tono de envidia. Cuando se expresa condolencia por la desgracia de otro, oigo placer y satisfacción, como si el que se conduele estuviera contento viendo el fracaso del otro como algo a ganar para sí mismo».

«En toda mi experiencia, sin embargo, la voz de Bankei siempre fue sincera. Siempre que expresaba felicidad, no oí nada más que felicidad, y cuando expresaba tristeza, tristeza era todo lo que oía».

藏 28. ABRID VUESTRA PROPIA CASA DEL TESORO

Daiju visitó al maestro Baso en China. Baso preguntó: «¿Qué estás buscando?».

«Iluminación», replicó Daiju.

«Tienes tu propia casa del tesoro. ¿Por qué buscas fuera?», preguntó Baso.

Daiju preguntó: «¿Dónde está mi casa del tesoro?».

Baso respondió: «Lo que estás preguntando es tu casa del tesoro».

¡Daiju estaba encantado! A partir de entonces, decía continuamente a sus amigos: «Abrid vuestra propia casa del tesoro y utilizad sus riquezas».

影 29. NI AGUA NI LUNA

Cuando la monja Chiyono estudió zen bajo la guía de Bukko de Engaku, fue incapaz de obtener frutos de la meditación durante mucho tiempo.

Finalmente, una noche de luna llena llevaba agua en un viejo cubo atado con hojas de bambú. El bambú se rompió y la base del cubo se desprendió, y en ese momento fue libre.

En conmemoración, escribió un poema:

De éste y otro modo intenté salvar el viejo cubo,
pues las tiras de bambú se estaban debilitando y a punto de romperse,
hasta que al final la base cedió.
¡Ya no hay agua en el cubo!
¡Ya no hay luna en el agua!

30. TARJETA DE VISITA

Keichu, el gran maestro zen de la era Meiji, era el prior de Tofuku, una catedral de Kioto. Un día, el gobernador de Kioto le visitó por primera vez.

Su sirviente presentó la tarjeta del gobernador, que leía: «Kitagaki, Gobernador de Kioto».

«No tengo nada que ver con esa persona», dijo Keichu a su sirviente. «Dile que se vaya». El sirviente devolvió la tarjeta con disculpas. «El error ha sido mío», dijo el gobernador, y con un lápiz tachó las palabras Gobernador de Kyoto. «Pregunta a tu maestro de nuevo».

¡Oh!, ¿es ese tal Kitagaki?», exclamó el maestro cuando vio la tarjeta. «Quiero verlo».

31. TODO ES LO MEJOR

Cuando Banzan paseaba por un mercado, oyó por casualidad una conversación entre un carnicero y su cliente.

«Dame la mejor pieza de carne que tengas», dijo el cliente.

«Todo lo que hay en mi tienda es lo mejor», contestó el carnicero. «Aquí no podrá encontrar ninguna pieza de carne que no sea la mejor».

Con estas palabras, Banzan se iluminó.

時 32. EL DÍA MÁS PEQUEÑO ES COMO LA JOYA MÁS GRANDE

Un noble pidió a Takuan, un maestro zen, que le indicara alguna forma de pasar el tiempo. Sentía que sus días se le hacían demasiado largos en su despacho, sentado rígidamente para recibir el homenaje de otros.

Takuan escribió ocho caracteres chinos y se los dio al hombre:

No habrá dos como este día.
El día más pequeño es como la joya más grande.
Este día no volverá.
Cada minuto vale lo que una joya sin precio.

握 33. LA MANO DE MOKUSEN

Mokusen Hiki vivía en un templo en la provincia de Tamba. Uno de sus adeptos se quejaba de la tacañería de su esposa.

Mokusen visitó a la mujer del adepto y le mostró su puño cerrado.

«¿Qué quieres decir con eso?», preguntó la mujer sorprendida.

«Imagina que mi puño siempre estuviera así. ¿Cómo lo llamarías?», preguntó él.

«Deforme», replicó la mujer.

Entonces él abrió su mano plana ante la cara de ella y dijo: «Imagina que siempre estuviera así. ¿Cómo lo llamarías?».

«Otro tipo de deformidad», dijo la esposa.

«Si puedes comprender todo esto», concluyó Mokusen, «eres una buena esposa». Y se marchó.

Tras su visita, esta esposa ayudó a su marido tanto a ahorrar como a administrar.

笑 34. LA ÚNICA SONRISA DE SU VIDA

No se sabía que Mokugen hubiese sonreído hasta el último día de su vida sobre la tierra. Cuando llegó su momento de partir, dijo a sus fieles discípulos: «Habéis estudiado conmigo durante más de diez años. Ahora quiero que me mostréis vuestra interpretación del zen. Aquel que se exprese con mayor claridad, será mi sucesor y recibirá mi manto y mi cuenco».

Todos miraron el rostro severo de Mokugen, pero nadie respondió.

Encho, un discípulo que había estado con su maestro mucho tiempo, se colocó cerca de su cabecera y empujó unos centímetros el frasco de medicina. De este modo respondía a la demanda.

El rostro del maestro se tornó incluso más severo. «¿Es esto todo lo que has comprendido?», preguntó.

Encho colocó el frasco de nuevo en su sitio.

Una hermosa sonrisa se dibujó en las facciones de Mokugen. «Pícaro», dijo a Encho. «Has trabajado conmigo durante diez años pero aún no habías visto todo mi cuerpo. Toma el manto y el cuenco. Te pertenecen».

維 35. ZEN DE CADA INSTANTE

Los estudiantes de zen permanecen con sus maestros un mínimo de dos años antes de enseñar a otros. En una ocasión, Nan-in recibió la visita de Tenno, quien, habiendo superado su periodo de aprendizaje, se había convertido en maestro. El día era lluvioso, de modo que Tenno llevaba zuecos de madera y un paraguas. Tras saludarle, Nan-in le dijo: «Supongo que dejaste tus zuecos de madera en el vestíbulo. Quiero saber si tu paraguas está a la izquierda o a la derecha de los zuecos».

Tenno, confuso, no supo dar una respuesta inmediata. Se dio cuenta de que era incapaz de estar en zen cada minuto. Se convirtió en el discípulo de Nan-in y estudió seis años más para poder alcanzar el «zen de-cada-instante».

花 36. LLUVIA DE FLORES

Subhuti fue uno de los discípulos de Buda. Era capaz de comprender la potencia del vacío, el punto de vista de que nada existe si no es en su relación con lo objetivo y lo subjetivo.

Un día, Subhuti estaba sentado bajo un árbol en un estado de sublime vacuidad. Comenzaron a caer algunas flores sobre él.

«Te alabamos por tu discurso acerca de la vacuidad», le susurraron los dioses.

«Pero yo no he hablado sobre el vacío», dijo Subhuti.

«Tú no has hablado sobre el vacío, nosotros no hemos oído el vacío», respondieron los dioses. «Éste es el verdadero vacío». Y las flores cayeron sobre Subhuto como gotas de lluvia.

救 37. PUBLICAR LOS SUTRAS

Tetsugen, un devoto del zen en Japón, decidió publicar los sutras, que en ese momento sólo estaban disponibles en chino. Los libros iban a ser impresos con planchas de madera en una edición de siete mil copias, una labor tremenda.

Tetsugen comenzó por viajar recogiendo donaciones para dicho propósito. Unos cuantos simpatizantes le dieron cien piezas de oro, pero la mayoría de las veces sólo recibía pequeñas monedas. Agradecía cada donación con la misma gratitud. Después de diez años, Tetsugen tenía suficiente dinero para llevar a cabo su tarea.

Ocurrió entonces que el río Uji se desbordó. Tetsugen tomó entonces los fondos que había recolectado para los libros y los utilizó para salvar a otros de la inanición. Tras ello, comenzó de nuevo su tarea de recoger fondos.

Algunos años después, una epidemia asoló el país. De nuevo, Tetsugen dio lo que había recogido para ayudar a las víctimas.

Por tercera vez reinició su tarea, y tras veinte años su deseo se cumplió. Las planchas que produjeron la primera impresión de los sutras pueden verse hoy en día en el monasterio Obaku en Kyoto.

Los japoneses cuentan a sus hijos que Tetsugen hizo tres series de sutras, y que las dos primeras, invisibles, superaban incluso la tercera.

元 38. LA LABOR DE GISHO

Gisho fue ordenada monja cuando contaba diez años de edad. Recibía el mismo entrenamiento que los niños. Cuando llegó a la edad de dieciséis, viajó sin parar de un monasterio zen a otro, y estudió en todos ellos.

Pasó tres años con Unzan y seis con Gukei, pero no obtuvo una visión clara. Así que fue a ver al maestro Inzan.

Inzan no mostró ningún tipo de distinción en virtud de su sexo. La reprendía severamente. La abofeteaba para despertar en ella su naturaleza interior.

Gisho permaneció con Inzan trece años, y finalmente ¡encontró aquello que había estado buscando!

En su honor, Inzan escribió un poema:

> Esta monja estudió trece años bajo mi guía.
> Por las tardes reflexionaba sobre los koans más profundos,
> Por las mañanas la atrapaban otros koans.
>
> Sólo la monja china Tetsuma superó todo esto antes que ella,
> Y desde Mujaku no ha habido nadie tan genuino como esta Gisho.
>
> Sin embargo, aún tiene que atravesar muchas puertas.
> Aún tendrá que recibir golpes de mi puño de acero.

Después de alcanzar la iluminación, Gisho marchó a la provincia de Banshu, levantó su propio templo zen, y enseñó a otras doscientas monjas hasta que murió un año en el mes de agosto.

39. DORMIR DURANTE EL DÍA

El maestro Soyen Shaku dejó este mundo cuando tenía sesenta y un años de edad. Habiendo cumplido su misión en la vida, dejó una gran enseñanza, mucho más rica que la de la mayoría de maestros zen. Sus discípulos solían dormir durante el día en el verano, y mientras él hacía la vista gorda sin desperdiciar un minuto.

Cuando sólo tenía doce años, ya estudiaba la especulación filosófica de la secta Tendai. Cierto día de verano, el aire había sido tan sofocante que el pequeño Soyen dobló sus piernas y se durmió mientras su maestro estaba fuera.

Habían pasado tres horas cuando despertó sobresaltado al oír entrar a su maestro. Pero ya era demasiado tarde. Allí yacía, tumbado delante de la puerta.

«Perdón, perdón», susurró su maestro, pasando cuidadosamente por encima del cuerpo de Soyen como si se tratara de un invitado distinguido. Después de esto, Soyen no durmió nunca más por las tardes.

夢 40. EN EL PAÍS DE LOS SUEÑOS

«Nuestro maestro en la escuela acostumbraba a dormir una siesta cada tarde», contaba un discípulo de Soyen Shaku. «Los niños le preguntamos por qué lo hacía y nos respondió: "Voy al país de los sueños para encontrarme con los viejos sabios igual que lo hizo Confucio"». Cuando Confucio dormía, soñaba con los sabios y más tarde hablaba a sus adeptos sobre ellos.

«Un día, hacía muchísimo calor, de modo que algunos de nosotros nos dormimos. Nuestro maestro nos reprendió. "Fuimos al país de los sueños a encontrarnos con los viejos sabios igual que hacía Confucio", explicamos. "¿Cuál fue el mensaje de tales sabios?", preguntó a continuación nuestro maestro. Entonces, uno de nosotros contestó: "Fuimos al país de los sueños y encontramos a los sabios, y les preguntamos si nuestro maestro iba allí cada tarde, pero nos dijeron que nunca habían visto a esa persona"».

捨 41. *EL ZEN DE JOSHU*

Joshu comenzó a estudiar zen a la edad de sesenta años y continuó hasta que tuvo ochenta, cuando alcanzó la iluminación.

Enseñó zen desde los ochenta hasta los ciento veinte años.

En una ocasión, un estudiante le preguntó: «Si no tengo nada en mi mente, ¿qué debo hacer?».

Joshu respondió: «Échalo».

«Pero si no tengo nada, ¿Cómo puedo echarlo?», continuó el discípulo.

«Bien», dijo Joshu, «entonces llévalo».

擬 42. *LA RESPUESTA DEL MUERTO*

Cuando Mamiya, quien más tarde se convertiría en un famoso predicador, fue a ver a un maestro para obtener guía personal, éste le pidió que explicara el sonido de una sola mano.

Mamiya se concentró en cuál podría ser el sonido de una sola mano. «No trabajas lo suficientemente duro», le dijo su maestro. «Estás demasiado apegado a la comida, la salud, las cosas y a ese sonido. Sería mejor que murieras. Eso solucionaría el problema».

La siguiente ocasión en que Mamiya se presentó ante su maestro, éste de nuevo le preguntó sobre lo que podía mostrar acerca del sonido de una sola mano. Mamiya cayó inmediatamente como si hubiera muerto.

«Estás muy bien muerto», observó el maestro. «¿Pero qué hay acerca de ese sonido?».

«Aún no lo he resuelto», replicó Mamiya levantando la vista.

«Los muertos no hablan», dijo el maestro. «¡Márchate!».

43. ZEN EN LA VIDA DE UN MENDIGO

Tosui era un reconocido maestro de zen de su tiempo. Había vivido en diversos templos y enseñado en varias provincias.

El último templo que visitó acumuló tantos adeptos, que Tosui les dijo que iba a dejar la vida de la enseñanza. Les aconsejó que se dispersaran y fueran donde quisieran. Después de eso, nadie pudo seguir su rastro.

Tres años más tarde, uno de sus discípulos lo descubrió viviendo con algunos mendigos bajo un puente en Kioto. Inmediatamente imploró a Tosui que le instruyera.

«Si puedes hacer lo que estoy haciendo yo aunque sólo sea durante un par de días, lo haré», replicó Tosui.

De modo que el antiguo discípulo se vistió como un pordiosero y pasó el día con Tosui. Al día siguiente, uno de los mendigos murió. Tosui y su discípulo cargaron con el cadáver a medianoche y lo enterraron al pie de una montaña. Después, regresaron a su cobijo bajo el puente.

Tosui durmió profundamente el resto de la noche, pero el discípulo no pudo dormir. Por la mañana, Tosui dijo: «Hoy no tenemos que mendigar comida. Nuestro difunto amigo ha dejado algo por aquí», Pero el discípulo fue incapaz de probar bocado.

«Te dije que no podrías vivir como yo», concluyó Tosui. «Vete de aquí y no me molestes nunca más».

悟 賊 44. EL LADRÓN QUE SE CONVIRTIÓ EN DISCÍPULO

Una tarde, hallándose Shichiri Kojun recitando sutras, entró un ladrón en su casa con una afilada espada pidiendo la bolsa o la vida.

Shichiri le dijo: «No me molestes. Puedes encontrar dinero en ese cajón». Y a continuación reanudó la lectura.

Poco después, se interrumpió y dijo: «No lo cojas todo. Necesito algo con lo que pagar mañana los impuestos».

El intruso cogió la mayor parte del dinero y se dispuso a marchar. «Cuando una persona te hace un regalo, agradéceselo», añadió Shichiri. El hombre le dio las gracias y se marchó.

Unos días más tarde, el ladrón fue detenido y confesó, entre otros, el robo a Shichiri. Cuando llamaron a Shichiri como testigo, dijo: «Este hombre no es un ladrón, por lo menos en lo que a mí respecta. Le di dinero y me lo agradeció».

Cuando cumplió su condena en prisión, el hombre fue a ver a Shichiri y se convirtió en su discípulo.

盗 45. CORRECTO E INCORRECTO

Cuando Bankei guardaba sus semanas de retiro para meditar, pupilos de todas partes de Japón acudían a hacerle compañía. Durante una de esas reuniones, un pupilo fue sorprendido robando. El asunto se llevó a Bankei con la petición de expulsar al culpable, pero Bankei hizo caso omiso del asunto.

Poco después, el mismo discípulo fue sorprendido en un acto similar, y de nuevo Bankei se desentendió del tema. Ello enfureció a los otros discípulos, quienes redactaron una instancia solicitando la expulsión del ladrón, en la que manifestaban que de otro modo ellos se irían en bloque.

Cuando Bankei hubo leído la solicitud, llamó a todos sus discípulos. «Sois hermanos sabios», les dijo. «Sabéis lo que es correcto y lo que es incorrecto. Podéis ir a estudiar a otro lugar si ése es vuestro deseo, pero este pobre hermano ni siquiera sabe diferenciar correcto de incorrecto. ¿Quién le enseñará si yo no lo hago? Me quedaré aquí con él incluso si todos los demás os vais».

Un torrente de lágrimas inundó el rostro del hermano que había robado. Todo deseo de robar se había desvanecido.

草木 46. CÓMO ALCANZAN LA ILUMINACIÓN LA HIERBA Y LOS ÁRBOLES

Durante el periodo Kamakura, Shinkan estudió tendai durante seis años y después estudió zen siete años; más tarde marchó a China y estudió zen trece años más.

Cuando regresó a Japón, muchos eran los que deseaban entrevistarse con él y preguntarle puntos oscuros. Pero cuando Shinkan recibía visitantes, lo que no ocurría con frecuencia, raramente respondía a sus preguntas.

Un día, un estudiante de cincuenta años le dijo: «He estudiado en la escuela de pensamiento tendai desde que era un niño, pero hay algo que no consigo comprender. La doctrina tendai asegura que incluso la hierba y los árboles alcanzarán la iluminación. A mí esto me parece muy extraño».

«¿De qué sirve discutir cómo la hierba y los árboles alcanzan la iluminación?», preguntó Shinkan. «La cuestión es cómo la alcanzas tú. ¿Has considerado eso alguna vez?».

«Nunca pensé en ello de ese modo», se maravilló el hombre.

«Pues vete a casa y piensa en ello», concluyó Shinkan.

47. EL ARTISTA TACAÑO

Gessen era un monje artista. Antes de comenzar un dibujo o una pintura, siempre insistía en ser pagado por adelantado, y sus honorarios eran elevados. Era conocido como El Artista Tacaño.

Una geisha le hizo en una ocasión un encargo de una pintura. «¿Cuánto puedes pagar?», preguntó Gessen.

«Lo que quieras cobrar», respondió la joven, «pero quiero que hagas el trabajo en mi presencia».

Así, un día la Geisha llamó a Gessen a su presencia. Ésta estaba celebrando una fiesta en honor a su patrón.

Gessen, con pinceladas maestras, realizó la obra. Cuando estuvo terminada, pidió la suma más elevada de su época.

Cuando recibió su pago, la geisha se dirigió a su señor diciendo: «Todo lo que este artista quiere es dinero. Sus pinturas son hermosas, pero su mente está sucia; el dinero la ha llenado de barro. Realizado por una mente así, este trabajo no es digno de ser exhibido. En todo caso es digno de decorar una de mis enaguas».

Quitándose la falda, pidió entonces a Gessen que hiciera otra pintura en la parte posterior de su enagua.

«¿Cuánto pagarás?», preguntó Gessen.

«Oh, cualquier cantidad», respondió la joven.

Gessen fijó una cantidad altísima, pintó lo que se le pedía, y luego se marchó.

Más adelante se supo que Gessen tenía las siguientes razones para desear el dinero:

El hambre solía visitar su provincia. Los ricos no ayudaban a los pobres, de modo que Gessen tenía un almacén secreto, desconocido para todo el mundo, en el que guardaba grano para esas emergencias.

Desde su aldea hasta el Santuario nacional, la carretera estaba en muy mal estado y muchos viajeros sufrían mucho al recorrerla. Deseó construir una carretera mejor.

Su maestro había fallecido sin haber realizado su anhelo de construir un templo, y Gessen deseaba erigir ese templo en su honor.

Después de que Gessen hubo realizado sus tres deseos, lanzó sus pinceles y materiales de pintura y, retirándose a las montañas, nunca más pintó.

48. LA PROPORCIÓN ADECUADA

Sen no Rikyu, un maestro de la ceremonia del té, quiso colgar un cesto con flores de una columna. Para ello, pidió al carpintero que le ayudara, y lo dirigió para que lo colocara un poco más alto o más bajo, a la derecha o a la izquierda, hasta que encontró el lugar exacto. «Ése es el sitio», dijo finalmente Sen no Rikyu.

El carpintero, para probar al maestro, marcó el lugar e hizo ver que lo había olvidado. «¿Era éste el sitio? ¿O era éste?», seguía preguntando el carpintero, señalando varios lugares en la columna.

Pero tan preciso era el sentido de la proporción del maestro de la ceremonia del té, que hasta que el carpintero no llegó justo al mismo punto, no se aprobó la localización.

49. EL BUDA DE LA NARIZ NEGRA

Una monja en busca de la iluminación creó una estatua de Buda y la cubrió con un baño de oro. Dondequiera que fuese, siempre llevaba consigo su Buda dorado.

Pasaron los años y, llevando siempre el Buda consigo, la monja fue a vivir a un pequeño templo en el que había muchos budas, cada uno con su oratorio particular.

La monja quiso quemar incienso ante su Buda dorado. Pero, como le disgustaba la idea de que el perfume pudiera desviarse hacia los otros, consiguió un embudo a través del cual el humo sólo iba a su estatua. Esto ennegreció la nariz del Buda dorado, haciéndolo especialmente feo.

50. LA CLARA COMPRENSIÓN DE RYONEN

Esta monja budista conocida como Ryonen nació en 1797. Era nieta del famoso guerrero japonés Shingen. Su genio poético y deslumbrante belleza eran tales, que a los diecisiete años estaba al servicio de la emperatriz como una de las damas de la corte. Incluso a esa joven edad, la fama la esperaba.

La amada emperatriz murió súbitamente y los sueños esperanzados de Ryonen se desvanecieron. Y de este modo percibió agudamente la impermanencia de la vida en este mundo. Fue en ese momento cuando decidió estudiar zen.

Sin embargo, sus parientes se mostraron en desacuerdo, y prácticamente la forzaron al matrimonio. Con la promesa de que podría convertirse en una monja cuando hubiera dado a luz a tres hijos, Ryonen asintió. Antes de cumplir los veinticinco ya había cumplido tal condición. Así, su marido y familia no pudieron ya disuadirla de su deseo por más tiempo. Se afeitó la cabeza, tomó el nombre de Ryonen, que significa «comprender claramente», y comenzó su peregrinaje.

Llegó a la ciudad de Edo y le pidió a Tetsugya que la aceptara como su discípula. Con sólo una mirada, el maestro la rechazó por ser demasiado hermosa.

Ryonen fue a ver a otro maestro, Hakuo. Hakuo la rechazó por el mismo motivo, diciéndole que su belleza sólo crearía problemas.

Ryonen consiguió un hierro candente y lo estampó en su cara. En pocos minutos, su belleza había desaparecido para siempre.

Hakuo la aceptó entonces como su discípula.

En conmemoración de esa ocasión, Ryonen escribió un poema en el reverso de un pequeño espejo:

Al servicio de mi emperatriz, quemé incienso para perfumar mis exquisitas ropas,

Ahora, como un mendigo sin hogar, quemo mi cara para entrar en un templo zen.

Cuando Ryonen estaba a punto de dejar este mundo, escribió otro poema:

Sesenta y seis veces han visto estos ojos la cambiante escena del otoño.
He dicho ya bastante acerca de la luz de la luna,
No preguntéis más.

Escuchad solamente la voz de los pinos y de los cedros cuando no sopla el viento.

膳 51. MIJO AGRIADO

El monje cocinero, en el monasterio de Bankei, decidió que se ocuparía de la salud de su anciano maestro y le dio únicamente mijo fresco, una pasta de semillas de soja mezclada con trigo y levadura que frecuentemente fermenta. Bankei, notando que le habían servido mejor mijo que a sus pupilos, preguntó: «¿Quién es hoy el cocinero?».

Entonces Dairyo fue llevado a su presencia. Bankei escuchó que, conforme a su edad y posición, debería comer únicamente mijo fresco. De modo que dijo al cocinero: «Entonces piensas que no debería comer en absoluto». Tras ello, fue a su cuarto y cerró la puerta.

Dairyo, sentado fuera de la puerta, pidió perdón a su maestro. Bankei no respondió. Durante siete días, Dairyo se sentó fuera y Bankei dentro.

Finalmente, desesperado, un discípulo habló en voz alta a Bankei: «Puede que tengas razón, anciano maestro, pero este joven discípulo tiene que comer. ¡No puede estar sin comer para siempre!».

Ante esto, Bankei abrió la puerta. Estaba sonriendo. Le dijo a Dairyo: "Insisto en comer la misma comida que el último de mis seguidores. Cuando te conviertas en el maestro, no quiero que olvides esto».

52. TU LUZ PUEDE APAGARSE

Un estudiante de tendai, una escuela filosófica del budismo, llegó al zen como discípulo de Gasan. Cuando, unos años más tarde, se preparaba para partir, Gasan le advirtió: «Estudiar la verdad por medio de la especulación es útil como un modo de recolectar material para la predicación. Pero recuerda que, salvo que medites constantemente, tu luz de la verdad puede apagarse».

53. EL QUE DA DEBE ESTAR AGRADECIDO

Durante el tiempo que Seietsu fue el maestro de Engaku en Kamakura, siempre pidió salas mayores, pues aquellas en las que enseñaba estaban abarrotadas. Umeza Seibei, un comerciante de Edo, decidió donar quinientas piezas de oro llamadas *ryo* para la construcción de una escuela más cómoda. Llevó ese dinero al maestro.

Seisetsu dijo: «De acuerdo. Lo tomaré».

Umezu dio a Seisetsu el saco de oro, pero no estaba satisfecho con la actitud del maestro. Una persona podría vivir un año entero con sólo tres *ryo*, y al comerciante ni siquiera le habían dado las gracias por quinientos.

«En ese saco hay quinientos ryo», comentó Umeza.

«Ya me lo has dicho antes», contestó Seisetsu.

«Incluso si soy un comerciante acaudalado, quinientos ryo es mucho dinero», dijo Umezu.

«¿Quieres que te agradezca por ello?», preguntó Seisetsu.

«Deberías hacerlo», respondió Umeza.

«¿Por qué debería?», inquirió Seisetsu. «El que da debería estar agradecido».

遺 54. LA ÚLTIMA VOLUNTAD Y TESTAMENTO

Ikkyu, un famoso maestro zen de la era Ashikaga, era el hijo del emperador. Cuando era muy joven, su madre se marchó del palacio y fue a un templo a estudiar zen. De este modo el príncipe Ikkyu se convirtió a su vez en estudiante. Cuando su madre falleció, le dejó una carta. Decía:

Para Ikkyu:

He finalizado mi misión en esta vida y regreso ahora a la Eternidad. Deseo que te conviertas en un buen estudiante y que realices tu naturaleza búdica. Sabrás así si estoy en el infierno y si siempre estoy contigo o no.

Si te conviertes en un hombre que comprende que Buda y su seguidor Bodhidharma son tus servidores, podrás dejar el estudio y trabajar por la humanidad. Buda predicó durante cuarenta y nueve años y en todo ese tiempo no consideró necsario decir una sola palabra. Deberías saber por qué. Pero si no lo sabes y deseas saberlo, evita pensar infructuosamente.

Tu madre,
No nacida, No muerta.
Primero de septiembre.

*P.D. Las enseñanzas de Buda tenían como propósito principal la ilumi-
nación de los demás. Si dependes de alguno de sus métodos, no eres más que
un insecto ignorante. Existen 80.000 libros sobre budismo, y si los leyeras
todos y aún no vieras tu verdadera naturaleza, no comprenderías ni siquiera esta carta. Ésta es mi última voluntad y mi testamento.*

55. EL MAESTRO DE TÉ Y EL ASESINO

Taiko, un guerrero que vivió en Japón antes de la era Tokugawa,
estudió Cha-no-yu, la etiqueta del té, con Sen no Rikyu, un maestro
de esa estética expresión de la calma y la satisfacción interiores.

El ayudante de Taiko, el guerrero Kato, interpretó que el entusias-
mo de su superior por la etiqueta del té le hacía negligente en los asuntos de Estado, de modo que decidió matar a Sen no Rikyu. Así que pre-
tendió hacer una visita de cortesía al maestro de té y fue invitado a
tomar el té.

El maestro, que era muy hábil en su arte, vio al punto la intención
del guerrero, de modo que invitó a Kato a dejar su espada antes de
entrar en la habitación para la ceremonia, explicándole que Cha-no-
yu representa la paz en sí mismo.

Kato no quiso escuchar. «Soy un guerrero», dijo. «Siempre llevo mi
espada conmigo. Cha-no-yu o no Cha-no-yu, llevaré mi espada».

«Muy bien. Entra con tu espada y toma un poco de té», consintió
Sen no Rikyu.

La tetera hervía en el fuego de carbón. De repente, Sen no Rikyu
la volcó. Silbando, el vapor se levantó, llenando la habitación de
humo y cenizas. El asustado guerrero salió fuera corriendo.

El maestro de té se disculpó. «Fue culpa mía. Regresa y toma un poco de té. Aquí está tu espada cubierta de ceniza, la limpiaré y te la daré».

En esta situación, el guerrero comprendió que no podría matar al maestro de té, por lo que desistió.

56. EL SENDERO VERDADERO

Justo antes de que Ninakawa falleciera, el maestro zen Ikkyu le visitó. «¿Debo guiarte en este paso?», preguntó Ikkyu.

Ninakawa respondió: «Vine aquí solo y solo me iré. ¿De qué podría servirme tu ayuda?».

Ikkyu contestó: «Si piensas que realmente vienes y vas, ésa es tu ilusión. Permíteme mostrarte el camino en el que no hay idas ni venidas».

Con sus palabras, Ikkyu había revelado tan claramente el sendero, que Ninakawa sonrió y murió.

57. LAS PUERTAS DEL PARAÍSO

Un soldado llamado Nobushige fue a ver a Hakuin, y preguntó: «¿Existe realmente un paraíso y un infierno?».

«¿Quién eres tú?», pidió Hakuin.

«Soy un samurái», respondió el guerrero.

«Tú, ¿un soldado?», exclamó Hakuin. «¿Qué clase de gobernante te aceptaría como su guardia? Tu cara parece la de un pordiosero».

Nobushige se enfadó tanto que comenzó a sacar su espada, pero Hakuin continuó:

«¡Así que tienes una espada! Tu arma probablemente sea demasiado burda para cortar mi cabeza».

Mientras Nobushige sacaba su espada, Hakuin remarcó: «¡Aquí se abren las puertas del infierno!».

Ante estas palabras, el samurái, comprendiendo al maestro, envainó su espada e hizo una reverencia.

«¡Aquí se abren las puertas del paraíso!», dijo Hakuin.

58. EL ARRESTO DEL BUDA DE PIEDRA

Un comerciante que llevaba sobre los hombros cincuenta fajos de géneros de algodón, se detuvo a descansar del calor bajo la sombra de un gran Buda de piedra que encontró en el camino. Ahí se quedó dormido, y cuando se despertó sus mercancías habían desaparecido. Inmediatamente denunció el hecho a la policía.

Un juez llamado O-oka abrió la investigación. «Ese Buda de piedra debe de haber robado las mercancías», concluyó el juez. «Se supone que debe cuidar el bienestar de la gente, pero ha fracasado en su sagrada misión. Arrestadle».

La policía arrestó al Buda de piedra y lo llevó a a los tribunales. Una ruidosa muchedumbre siguió a la estatua, curiosa por conocer qué clase de sentencia le iba a imponer el juez.

Cuando O-oka apareció en el estrado, reprendió a la audiencia que vociferaba. «¿Qué derecho tenéis a reír y hacer mofa de esta manera? Estáis en rebeldía ante el tribunal y sujetos a multa y encarcelamiento».

La gente se apresuró en disculparse. «Debería poneros una multa», dijo el juez, «pero la perdonaré si cada uno de vosotros trae un fajo de mercancías de algodón al tribunal en tres días. El que no haga esto, será arrestado».

Uno de los fajos de ropa que trajo la gente fue rápidamente reconocido por el comerciante como propio, y de ese modo, el ladrón fue fácilmente descubierto. El comerciante recuperó sus bienes, y el resto de fajos se devolvió a sus propietarios.

59. SOLDADOS DE LA HUMANIDAD

En una ocasión, una división de la armada japonesa estaba realizando una batalla simulada, y algunos de los oficiales consideraron necesario establecer su cuartel general en el templo de Gasan.

Gasan dijo a su cocinero: «Haz que los soldados coman exactamente lo mismo que nosotros».

Esto enojó a los soldados, que estaban habituados a un tratamiento bien distinto. Uno de ellos fue a ver a Gasan y le dijo: «¿Quién piensas que somos? Somos soldados, sacrificando nuestras vidas por nuestro país. ¿Por qué no nos tratas como merecemos?».

Gasan respondió severamente: «¿Quién piensas tú que somos nosotros? Somos soldados de la humanidad, aspirando a salvar a todos los seres vivos».

60. EL TÚNEL

Zenkai, el hijo de un samurái, viajó a Edo y allí se convirtió en el servidor de un alto oficial. Pero se enamoró de la mujer del oficial y fue descubierto. Así que, en defensa propia, mató al oficial y luego huyó con la esposa.

Más tarde, ambos se convirtieron en ladrones. Pero la mujer era tan codiciosa que Zenkai se disgustó y la abandonó. Viajó a la lejana provincia de Buzen y se convirtió en un mendigo errante.

Para expiar su pasado, Zenkai resolvió realizar buenas acciones durante el resto de su vida. Sabiendo de un peligroso camino que bordeaba un precipicio y había causado la muerte a muchas personas, decidió excavar un túnel a través de la montaña.

Zenkai mendigaba comida durante el día, y de noche trabajaba cavando un túnel. Cuando hubieron transcurrido treinta años, el túnel tenía 7.000 m de largo, 60 m de alto, y 90 m de ancho.

Dos años antes de finalizar el túnel, el hijo del oficial al que había dado muerte, hábil espadachín, encontró a Zenkai y fue a matarlo en venganza.

«De buena gana te daré mi vida», dijo Zenkai. «Sólo permíteme que acabe esta obra. El día en que esté finalizada, podrás matarme».

De modo que el hijo esperó. Pasaron varios meses y Zenkai seguía cavando. El hijo se cansó de no hacer nada y comenzó a ayudarle. Después de haberle ayudado durante más de un año, llegó a admirar la fuerza de voluntad y el carácter de Zenkai.

Finalmente, el túnel se completó y la gente pudo utilizarlo y viajar sin riesgos.

«Ahora puedes cortarme la cabeza», dijo Zenkai. «Mi trabajo está hecho».

«¿Cómo podría cortar la cabeza de mi propio maestro?», preguntó el joven con lágrimas en los ojos.

师 61. GUDO Y EL EMPERADOR

El emperador Goyozei estaba estudiando zen con Gudo. Le preguntó: «En zen, la propia mente es Buda. ¿Es correcto?».

Gudo respondió: «Si digo sí, pensarás que comprendes sin comprender. Si digo no, estaré contradiciendo un hecho que podrías entender muy bien».

Otro día, el emperador preguntó a Gudo: «¿Dónde va el hombre iluminado cuando muere?».

Gudo respondió: «No lo sé».

«¿Por qué no lo sabes?», preguntó el emperador.

«Porque aún no he muerto», replicó Gudo.

El emperador dudó si preguntar más acerca de esas cuestiones que no podía comprender. Así que Gudo golpeó en el suelo con su mano como para despertarle, y el emperador fue iluminado.

El emperador respetó el zen y a Gudo más que nunca tras su iluminación, e incluso permitió a Gudo usar su sombrero en el palacio durante el invierno. Cuando Gudo había pasado de los ochenta años, acostumbraba a quedarse dormido en medio de sus lecciones, y el emperador, con mucho cuidado, se iba a otra habitación para que su amado maestro disfrutara del descanso que su anciano cuerpo requería.

運 62. EN LAS MANOS DEL DESTINO

Un gran guerrero japonés llamado Nobunaga decidió atacar al enemigo aunque era diez veces inferior en número a éste. Sabía que vencería, pero sus soldados dudaban.

De camino, se detuvo en el oratorio de Shinto y dijo a sus hombres: «Después de visitar el santuario, lanzaré una moneda. Si sale cara, venceremos; si sale cruz, perderemos. El destino nos tiene en sus manos».

Nobunaga entró en el santuario y ofreció una oración en silencio. Salió y tiró una moneda. Salió cara. Sus soldados estaban tan ansiosos por luchar que ganaron fácilmente la batalla.

«Nadie puede cambiar los designios del destino», le dijo su oficial después de la batalla.

«Ciertamente no», dijo Nobunaga, mostrando una moneda que había sido trucada, con una cara en cada lado.

63. MATAR

Gasan dijo un día a sus seguidores: «Aquellos que hablan en contra de matar y que desean salvar las vidas de todos los seres vivos están en lo cierto. Es bueno proteger incluso a animales e insectos. ¿Pero qué hay de aquellas personas que matan el tiempo, qué hay de aquellos que destruyen la salud, qué hay de aquellos que destruyen la política económica? No deberíamos pasarlos por alto. Aún más, ¿qué hay de aquel que predica sin estar iluminado? Está matando el budismo».

64. EL SUDOR DE KASAN

Se le pidió a Kasan que oficiara el funeral de un señor de la provincia.

Nunca antes había tratado con señores y nobles, por lo que estaba nervioso. Cuando comenzó la ceremonia, Kasan sudaba.

Más tarde, una vez de regreso, reunió a sus pupilos. Kasan confesó que aún no estaba cualificado para ser maestro, puesto que carecía de la naturalidad con que se desenvolvía en el templo cuando tenía que hacerlo en el exterior. Entonces renunció a su cargo y se convirtió en pupilo de otro maestro. Ocho años después, regresó con sus antiguos discípulos, iluminado.

治 65. LA SUBYUGACIÓN DEL FANTASMA

Una joven esposa se sintió enferma y se encontraba a punto de morir. «Te quiero tanto», dijo a su marido. «No quiero dejarte. No me sustituyas con otra mujer. Si lo haces, regresaré como fantasma y te causaré problemas sin fin».

Poco después, la mujer falleció. El marido respetó su último deseo durante los tres primeros meses, pero entonces conoció a otra mujer y se enamoró de ella. Se comprometieron en matrimonio.

Inmediatamente después del compromiso, cada noche se le aparecía un fantasma al marido, acusándole de no haber cumplido su promesa. Y era un fantasma muy listo. Le decía exactamente lo que había ocurrido entre él y su nuevo amor. Siempre que le hacía un regalo a su prometida, el fantasma lo describía con detalle. Era capaz incluso de repetir conversaciones, y eso molestaba tanto al hombre, que no podía dormir. Alguien le aconsejó que fuera a contar su problema a un maestro zen que vivía cerca de la aldea. Al final, el pobre hombre acudió a él en busca de ayuda.

«Tu anterior esposa se ha convertido en un fantasma y sabe todo lo que haces», comentó el maestro. «Sea lo que sea lo que hagas o digas, cualquier regalo que hagas a tu prometida, ella lo sabe. Debe de ser un fantasma muy sabio. En realidad, deberías admirar a un fantasma así. La próxima vez que aparezca, haz un trato con ella. Dile que sabe tanto que no puedes ocultarle nada, y que si te responde a una cuestión, prometes romper tu compromiso y permanecer soltero».

«¿Cuál es la pregunta que debo hacerle?», preguntó a continuación el hombre.

El maestro respondió: «Coge un buen puñado de semillas de soja y pregúntale cuántas tienes exactamente en tu mano. Si no puede decírtelo, sabrás que sólo es un producto de tu imaginación y no te volverá a molestar».

La noche siguiente, cuando el fantasma se apareció de nuevo ante el hombre, éste lo aduló y le dijo que era un fantasma que lo sabía todo.

«Ciertamente», replicó el fantasma, «y también sé que hoy fuiste a ver a ese maestro zen».

«Y dado que sabes tanto», dijo el hombre, «dime cuántas semillas sujeto en esta mano».

Ya no había ningún fantasma que pudiera contestar esa pregunta.

66. LOS NIÑOS DE SU MAJESTAD

Yamaoka Tesshu era tutor del emperador. También era un gran maestro en el arte de la esgrima y un profundo estudioso del zen. Su casa era el refugio de los vagabundos y sólo tenía un traje, puesto que éstos le empobrecían.

El emperador observó lo usadas que estaban sus ropas y le dio dinero para que se comprara otras. Pero la siguiente ocasión en que Yamaoka apareció, llevaba el mismo traje viejo.

«¿Qué ha sido de tu traje nuevo, Yamaoka?», preguntó el emperador.

«Di ropas a los niños de Su Majestad», explicó Yamaoka.

阿語 67. ¡QUÉ ESTÁS HACIENDO! ¡QUÉ ESTÁS DICIENDO!

En los tiempos modernos, se ha dicho una gran cantidad de tonterías sobre los maestros y los discípulos, así como sobre la herencia que los pupilos favoritos de un maestro reciben de su enseñanza, la cual les da derecho a transmitir la verdad a sus seguidores. Por supuesto, el zen debería impartirse de ese modo, de corazón a corazón, y en el pasado era realmente así. El silencio y la humildad reinaban sobre la profesión y la aserción, y quien recibía tal enseñanza, mantenía la cuestión oculta incluso después de veinte años. Y no era hasta que otro descubría por cuenta propia que tenía a mano a un verdadero maestro, cuando se sabía que dicha enseñanza había sido impartida. E incluso entonces, la ocasión surgía de modo muy natural y la enseñanza seguía su vía. Bajo ninguna circunstancia proclamaba jamás el maestro: «Soy el sucesor de tal o cual», pues dicha afirmación probaría precisamente lo contrario.

El maestro zen Mu-nan tuvo un único sucesor. Su nombre era Shoju. Tras haber completado sus estudios de zen, Mu-nan le llamó a su habitación. «Me estoy haciendo viejo», le dijo, «y, hasta donde yo sé, Shoju, tú eres el único que podrá continuar esta enseñanza. Aquí tienes este libro. Ha pasado de maestro a maestro durante siete generaciones. También he añadido algunas notas según mi propio entendimiento. El libro es muy valioso, y te lo doy en representación de tu sucesión».

«Si el libro es tan importante, será mejor que lo conserves», dijo Shoju. «He recibido tu zen sin escritura y estoy satisfecho de ello tal como es».

«Lo sé», dijo Mu-nan. «Pese a ello, esta obra se ha transmitido de un maestro a otro durante siete generaciones, por lo que debes quedártelo como símbolo de haber recibido la enseñanza. Tómalo».

Daba la circunstancia de que se hallaban hablando frente a un brasero. En el instante en que Shoju sintió el libro en sus manos, lo lanzó hacia los carbones encendidos. No tenía interés en las posesiones.

Mu-nan, que nunca antes se había enfadado, gritó: «¡Qué estás haciendo!».

Shoju le devolvió el grito: «¡Qué estás diciendo!».

68. UNA NOTA DE ZEN

Después de que Kakua visitara al emperador, desapareció y nadie supo qué había sido de él. Fue el primer japonés que estudió zen en China, pero dado que no había enseñado nada sobre él, salvo una nota, no es recordado como el hombre que llevó el zen a su país.

Kakua visitó China y recibió la enseñanza verdadera. No viajó a ninguna parte mientras estuvo allí, y vivió en una remota parte de una montaña, en constante meditación. Siempre que la gente le encontraba y le pedía que predicara, él decía unas palabras y se marchaba a otra parte de la montaña donde no fuera tan fácil encontrarle.

El emperador oyó hablar de Kakua cuando regresó a Japón y le pidió que predicara zen para su instrucción y la de sus súbditos.

Kakua permaneció de pie ante el emperador en silencio. Improvisó entonces una flauta con los pliegues de su ropa e hizo sonar una breve nota. Haciendo una cortés reverencia, desapareció.

罪 *69. COMERSE LA CULPA*

Un día, surgieron una serie de circunstancias que retrasaron la preparación de la cena de un maestro de soto zen, Fugai, y sus discípulos. Corriendo, el cocinero salió al jardín con su cuchillo y cortó varias verduras verdes, las troceó y preparó una sopa, sin darse cuenta de que, en su apresuramiento, había incluido parte de una serpiente en las hortalizas.

Los seguidores de Fugai pensaron que nunca antes habían probado una sopa tan exquisita. Pero cuando el propio maestro encontró la cabeza de la serpiente en su cuenco, hizo llamar al cocinero. «¿Qué es esto?», preguntó, sujetando la cabeza del animal.

«Oh, gracias, maestro», replicó el cocinero tomando el bocado y comiéndoselo rápidamente.

猫 頭 *70. LA COSA MÁS VALIOSA DEL MUNDO*

Un estudiante preguntó al maestro zen chino Sozan: «¿Cuál es la cosa más valiosa del mundo?».

El maestro respondió: «La cabeza de un gato muerto».

«¿Por qué es la cabeza de un gato muerto la cosa más valiosa del mundo?», inquirió el estudiante.

Sozan respondió: «Porque nadie puede ponerle un precio».

71. APRENDER A CALLAR

Los pupilos de la escuela tendai acostumbraban a estudiar meditación antes de que el zen entrara en Japón. Cuatro de ellos, que eran amigos íntimos, se prometieron el uno al otro guardar siete días de silencio.

El primer día todos callaron. Su meditación había comenzado con buen pie, pero cuando llegó la noche y la luz de las lámparas de aceite comenzaba a palidecer, uno de los pupilos no pudo evitar decir a un sirviente: «Recarga esas lámparas».

Un segundo pupilo se sorprendió al oír hablar al primero. «Se supone que no debemos decir ni una palabra», remarcó.

«Sois los dos unos estúpidos. ¿Por qué habéis hablado?», preguntó el tercero.

«Yo soy el único que no ha hablado», concluyó el cuarto estudiante.

72. EL SEÑOR ZOQUETE

Dos maestros zen, Daigu y Gudo, fueron invitados a visitar a un señor. A su llegada, Gudo dijo al señor: «Sois sabio por naturaleza y tenéis una habilidad innata para el aprendizaje del zen».

«Tonterías», dijo Daigu. «¿Por qué adulas a este zoquete? Puede que sea un señor, pero no sabe nada sobre zen».

De modo que, en vez de construir un templo para Gudo, el señor lo construyó para Daigu y estudió zen con él.

73. DIEZ SUCESORES

Los discípulos zen hacen un juramento según el cual se aplicarán al aprendizaje del zen aunque sean asesinados por su maestro. Antes se cortaban un dedo y sellaban su resolución con sangre. En la actualidad, el juramento se ha convertido en una mera formalidad, y por esta razón el pupilo que murió a manos de Ekido ha pasado a la historia como un mártir.

Ekido era un maestro muy severo. Sus discípulos le temían. Un día, uno de ellos, encargado de hacer sonar el gong para anunciar la hora, descuidó su tarea al mirar a una bella joven que pasaba por la puerta del monasterio. En ese momento, Ekido, que estaba justo detrás suyo, le golpeó con una vara y el golpe lo mató.

El tutor del joven, al enterarse del accidente, fue directamente a Ekido. Sabiendo que la culpa no era suya, alabó al maestro por la severidad de su enseñanza. La actitud de Ekido fue exactamente igual que si el pupilo siguiera vivo.

Después de este incidente, Ekido logró con su guía más de diez iluminados sucesores, un número muy poco usual.

74. UNA REFORMA VERDADERA

Ryokan dedicó su vida al estudio del zen. Un día, llegó a sus oídos que su sobrino, haciendo caso omiso de las advertencias de sus familiares, estaba gastando su dinero con una cortesana. Dado que este sobrino había ocupado el lugar de Ryokan en el manejo de los asuntos de la familia, y las propiedades estaban en peligro de ser dilapidadas, los parientes pidieron a Ryokan que hiciera algo al respecto.

Ryokan tuvo que hacer un largo viaje para visitar a su sobrino, a quien hacía muchos años que no veía. El sobrino pareció contento de ver de nuevo a su tío, y le invitó a pasar la noche en su casa.

Durante toda la noche, Ryokan se sentó en postura de meditación. Mientras se preparaba para partir por la mañana, dijo al joven: «Debo de estar haciéndome viejo, me tiembla la mano. ¿Podrías ayudarme a atar la correa de mi sandalia de paja?».

El sobrino le ayudó muy voluntariosamente. «Gracias», concluyó Ryokan, «ya ves, un hombre se vuelve más viejo y más débil a medida que pasan los días. Cuídate mucho». Entonces Ryokan se marchó, sin decir ni una palabra acerca de la cortesana o de las quejas de los parientes. Pero, a partir de esa mañana, acabaron sus disipaciones.

75. TEMPERAMENTO

Un estudiante de zen acudió a Bankei y se quejó: «Maestro, tengo un temperamento ingobernable. ¿Cómo puedo arreglarlo?».

«Tienes algo muy extraño», contestó Bankei. «Déjame ver qué es lo que tienes».

«Justamente ahora no te lo puedo enseñar», respondió el otro.

«¿Cuándo me lo podrás enseñar?», preguntó Bankei.

«Surge inesperadamente», replicó el estudiante.

«Entonces», concluyó Bankei, «no debe de ser tu verdadera naturaleza. Si lo fuera, podrías mostrármelo en todo momento. Cuando naciste, no lo tenías, y tus padres no te lo dieron. Piensa en ello».

岩 76. LA MENTE DE PIEDRA

Hogen, un maestro zen chino, vivía solo en un pequeño templo en el campo. Un día, cuatro monjes viajeros que pasaban por allí le preguntaron si podían encender un fuego en su patio para calentarse un poco.

Mientras preparaban el fuego, Hogen les oyó discutir sobre subjetividad y objetividad. Entonces se unió a ellos y dijo: «Hay una gran piedra. ¿Consideráis que está dentro o fuera de vuestra mente?».

Uno de los monjes replicó: «Desde el punto de vista budista, todas las cosas son objetivaciones de la mente, de manera que yo diría que la piedra está dentro de mi mente».

«Debes de tener una cabeza muy pesada», observó Hogen, «si llevas una piedra como ésa en tu mente».

煩 77. SIN APEGO AL POLVO

Zengetsu, un maestro chino de la dinastía T'ang, escribió los siguientes consejos para sus alumnos:

Vivir en el mundo sin apegarse al polvo del mundo es la vía de un verdadero estudiante de zen.

Cuando presenciéis la buena acción de otro, animaos a seguir su ejemplo. Al oír una acción equivocada, decíos que no lo váis a emular.

Aunque estéis solos en una habitación oscura, comportaos como si estuvierais ante un noble huésped. Expresad vuestros sentimientos, pero no exageréis vuestra propia naturaleza.

La pobreza es vuestro tesoro. Por lo tanto, no lo cambiéis nunca por una vida fácil.

Una persona puede parecer un loco y no serlo. Puede que únicamente esté guardando su sabiduría cuidadosamente.

Las virtudes son el fruto de la autodisciplina y no caen del cielo como si fueran lluvia o nieve.

La modestia es la base de todas las virtudes. Deja que tus vecinos te conozcan antes de darte a conocer a ellos.

Un corazón noble nunca se fuerza a sí mismo. Sus palabras son como raras gemas, pocas veces exhibidas y de gran valor.

Para un alumno sincero, cada día es un día de suerte. El tiempo pasa pero él nunca queda rezagado. Ni la gloria ni la vergüenza lo alteran.

Censuraos a vosotros mismos, nunca a otros. No discutáis sobre lo que está bien y lo que está mal.

Algunas cosas, aunque correctas, se tuvieron como erróneas durante generaciones. Dado que el valor de la rectitud puede ser reconocido con el paso de los siglos, no hay necesidad de anhelar un aprecio inmediato.

Vive con causa y deja los resultados a la gran ley del universo. Pasa los días en pacífica contemplación.

78. VERDADERA PROSPERIDAD

Un hombre rico pidió una vez a Sengai que escribiera algo en favor de la continuada prosperidad de su familia, de modo que pudiera conservarse de generación en generación.

Sengai tomó una gran hoja de papel y escribió: «*El padre muere, el hijo muere, el nieto muere*».

El hombre rico se irritó. «¡Te he pedido que escribas algo para la felicidad de mi familia! ¿Qué clase de broma es ésta?».

«No es ninguna broma», explicó Sengai. «Si tu hijo muriera antes que tú mismo, ello te apenaría enormemente. Si tu nieto falleciera antes que tu hijo, a ambos se os rompería el corazón. Pero si tu familia, generación tras generación, muere siguiendo el orden que he descrito, seguirá el curso natural de la vida. A eso lo llamo yo verdadera prosperidad».

造 79. EL INCENSARIO

Una mujer de Nagasaki llamada Kame era una de las pocas personas que hacían quemadores de incienso en Japón. Estos incensarios son obras de arte que sólo se utilizan en salas de té o ante el oratorio familiar.

Kame, cuyo padre había sido un gran artista en el mismo campo, era bastante aficionada a la bebida. También fumaba y se relacionaba con hombres la mayor parte del tiempo. En cuanto conseguía reunir algo de dinero, ofrecía fiestas en las que invitaba a artistas, poetas, carpinteros, trabajadores, hombres de muchas vocaciones y profesiones. Hablando con ellos, evolucionaba en sus diseños.

Kame era extremadamente lenta creando, pero cuando terminaba su trabajo, éste era siempre una obra de arte. Sus incensarios se atesoraban en hogares cuyas mujeres nunca bebían, fumaban ni se relacionaban libremente con hombres.

El alcalde de Nagasaki pidió en una ocasión a Kame que diseñara un incensario para él. Se demoró tanto ideándolo que transcurrió casi medio año. En ese momento, el alcalde, que había sido promocionado a una ciudad distante, la visitó para urgirle a que comenzara el trabajo sobre su incensario.

Cuando por fin se inspiró, Kame fabricó el incensario. Una vez terminado, lo colocó sobre una mesa. Lo miró larga y detenidamente. Fumó y bebió ante él como si fuera su única compañía. Lo estuvo observando todo el día.

Finalmente, cogió un martillo y lo hizo añicos, pues se dio cuenta de que no era la creación perfecta que su mente había imaginado.

靜 80. EL VERDADERO MILAGRO

Cuando Bankei se hallaba predicando en el templo de Ryumon, un sacerdote de la secta Shinshu, que creía en la salvación a través de la repetición del nombre del Buda del Amor, sintió celos de su gran audiencia y quiso debatir con él.

El maestro Bankei estaba en medio de una conferencia cuando apareció el sacerdote, pero éste hizo tanto alboroto, que Bankei tuvo que interrumpir su discurso para preguntar cuál era el motivo de tanto ruido.

«El fundador de nuestra secta», se jactó el sacerdote, «tenía poderes tan milagrosos, que podía sostener un pincel en su mano en una orilla del río mientras su ayudante sujetaba un papel en la otra orilla, y el maestro podía escribir el nombre completo de Buda a través del aire. ¿Puedes tú hacer algo tan maravilloso?».

Bankei replicó ligeramente: «Quizás tu zorro pueda hacer ese truco, pero el zen consiste en eso. Mi milagro es que cuando tengo hambre, como, y cuando tengo sed, bebo».

81. VETE A DORMIR

Gasan permaneció sentado a la cabecera de la cama de Tekisui tres días antes de la muerte de su maestro. Para entonces Tekisui ya le había elegido como su sucesor.

Recientemente, un templo se había incendiado y Gasan estaba muy ocupado reconstruyendo la estructura. Tekisui le preguntó: «¿Qué vas a hacer cuando acabes de reconstruir el templo?».

«Cuando te hayas mejorado de tu enfermedad, queremos que hables en él», dijo Gasan.

«Supón que no viva hasta ese momento».

«Entonces buscaremos a algún otro», respondió Gasan.

«Supón que no puedes encontrar a ningún otro», continuó Tekisui.

A esto Gasan respondió en voz alta: «No digas esas tonterías. Vete a dormir».

82. NADA EXISTE

Yamaoka Tesshu, un joven estudiante de zen, visitó un maestro tras otro. Un día, visitó a Dokuon de Shokoku.

Deseando mostrar su conocimiento, dijo: «La mente, Buda y los seres vivos, después de todo, no existen. La verdadera naturaleza de los fenómenos es la vacuidad. No hay realización, no hay ilusión, no hay sabiduría, no hay mediocridad. No hay nada que dar y nada que pueda ser recibido».

Dokuon, que fumaba tranquilamente, no dijo nada. De repente, golpeó a Yamaoka con su pipa de bambú, lo cual hizo que el joven se enfadase mucho.

«Si nada existe», inquirió Dokuon, «¿de dónde viene esa furia?».

83. QUIEN NO TRABAJA, NO COME

Hyakujo, el maestro zen chino, acostumbraba a trabajar con sus discípulos, Incluso cuando contaba ochenta años, arreglaba los jardines, limpiaba el terreno y podaba los árboles.

Los pupilos sentían lástima al ver al anciano maestro trabajando tan duramente, pero sabían que no les escucharía cuando le aconsejaran detenerse, así que escondieron sus herramientas.

Ese día, el maestro no comió. Al día siguiente tampoco comió, ni al siguiente. «Puede que esté enfadado porque hemos escondido sus herramientas», pensaron los pupilos. «Será mejor que las devolvamos a su sitio».

El día que lo hicieron, el maestro trabajó y comió igual que siempre. Por la tarde, les dijo: «Quien no trabaja, no come».

84. AMIGOS DE VERDAD

Hace mucho tiempo, había en China dos amigos, uno que tocaba muy bien el arpa y el otro que escuchaba muy bien.

Cuando uno tocaba o cantaba una canción sobre una montaña, el otro decía: «Puedo ver la montaña ante nosotros».

Cuando uno tocaba acerca del agua, el oyente exclamaba: «¡He aquí la corriente que fluye!».

Pero el oyente cayó enfermo y murió. Así que su amigo cortó las cuerdas del arpa y no volvió a tocar jamás. Desde aquel día, cortar las cuerdas de un arpa es señal de amistad íntima.

期 85. TIEMPO PARA MORIR

Ikkyu, el maestro zen, era muy listo aún siendo un muchacho. Su maestro tenía una preciosa taza de té, una rara antigüedad. Ikkyu la rompió un día sin querer y se quedó pasmado. Al oír los pasos de su maestro, ocultó las piezas de la taza tras su espalda. Cuando el maestro apareció, Ikkyu preguntó: «¿Por qué la gente tiene que morir?».

«Es lo natural», explicó el anciano. «Todo tiene que morir y tiene un tiempo para vivir».

Ikkyu, sacando la taza rota, añadió: «A su taza le había llegado la hora de morir».

樽屋 86. EL BUDA VIVIENTE Y EL FABRICANTE DE BAÑERAS

Los maestros zen suelen ofrecer su guía personal en una habitación cerrada. Nadie entra mientras el maestro y el pupilo están juntos.

Mokurai, el maestro zen del templo de Kennin, en Kyoto, solía disfrutar de las conversaciones con comerciantes y vendedores de periódicos tanto como con sus pupilos. Entre aquéllos había un fabricante de bañeras que era casi analfabeto. Hacía preguntas estúpidas, tomaba té y después se iba.

Un día, mientras el fabricante de bañeras estaba con él, Mokurai quiso dar instrucción personal a un discípulo, por lo que pidió al fabricante que esperara en otra habitación.

«Comprendo que seas un Buda viviente», protestó el hombre. «Pero ni los Budas de piedra del templo rechazan a las numerosas personas que van a verlos. ¿Por qué debo yo ser excluido?».

Mokurai tuvo que salir para ver a su discípulo.

87. TRES CLASES DE DISCÍPULOS

Un maestro zen llamado Gettan vivió en la última etapa de la era Tokugawa. Solía decir: «Hay tres clases de discípulos: aquellos que imparten zen a otros, aquellos que mantienen los templos y los oratorios, y luego los sacos de arroz y los percheros».

Gasan expresó la misma idea. Cuando estudiaba zen con Tekisui, su maestro era muy severo. Algunas veces, incluso le pegaba. Otros pupilos no soportaron ese tipo de enseñanza y se marcharon. Pero Gasan se quedó y dijo: «Un discípulo pobre usa la influencia del maestro. Un discípulo mediano admira la bondad del maestro. Un discípulo bueno se fortalece bajo la disciplina del maestro».

詩 88. CÓMO ESCRIBIR UN POEMA CHINO

A un conocido poeta japonés le preguntaron cómo componer un poema chino.

«El poema chino habitual se compone de cuatro versos», explicó. «El primer verso contiene la fase inicial; el segundo verso, la continuación de esa fase; el tercer verso cambia de tema y comienza uno nuevo, y el cuarto verso sintetiza los tres anteriores. Una canción popular japonesa lo ilustra del siguiente modo:

> Dos hijas de un comerciante de seda viven en Kioto.
> La mayor tiene veinte años, la menor, dieciocho.
> Un soldado podría matar con su espada.
> Pero estas muchachas matan a los hombres con sus ojos.

問 89. DIÁLOGO ZEN

Los maestros de zen enseñan a sus jóvenes pupilos a expresarse por sí mismos. Había dos templos de zen que tenían cada uno un pequeño protegido. Uno de ellos, al ir a buscar legumbres una mañana, se encontró con el otro en el camino.

«¿Dónde vas?», preguntó uno.

«Voy donde vayan mis pies», respondió el otro.

Esta respuesta confundió al primer chico, que fue a pedir ayuda a su maestro. «Mañana por la mañana», le dijo el maestro, «cuando te encuentres con ese muchacho, hazle la misma pregunta. Te dará la misma respuesta, y entonces debes preguntarle: "Supón que no tuvieses pies, entonces, ¿dónde irías?". Eso lo pondrá en un aprieto».

Los chicos se encontraron de nuevo a la mañana siguiente.

«¿Dónde vas?», preguntó el primer muchacho.

«Voy donde sople el viento», contestó el otro.

Esto volvió a confundir al chico, que contó su fracaso al maestro.

«Pregúntale dónde iría si no hubiese viento», sugirió el maestro.

Al día siguiente, los muchachos se encontraron por tercera vez.

«¿Dónde vas?», preguntó el primer chico.

«Voy al mercado a comprar legumbres», replicó el otro.

許 90. EL ÚLTIMO CAPÓN

Tangen había estudiado con Sengai desde la niñez. Cuando tenía veinte años, quiso dejar a su maestro y visitar a otros para hacer un estudio comparativo, pero Sengai no se lo permitió. Cada vez que Tangen lo sugería, Sengai le daba un capón en la cabeza.

Finalmente, Tangen preguntó a un hermano mayor que obtuviera el permiso de Sengai. El hermano lo hizo y se lo confirmó a Tangen: «Está arreglado. Puedes comenzar tu peregrinaje en cualquier momento».

Tangen fue a ver a Sengai para agradecerle el permiso, pero el maestro le respondió dándole otro capón.

Cuando Tangen relató esto a su hermano mayor, éste dijo: «¿Qué es lo que ocurre? No tiene sentido que Sengai conceda el permiso y después cambie de parecer. Se lo diré». Y fue a ver al maestro.

«No he cancelado mi permiso», dijo Sengai. «Sólo quería darle un último capón en la cabeza, pues cuando regrese estará iluminado y ya no podré reprenderlo».

劔 91. EL TEMPLE DE LA ESPADA DE BANZO

Matajuro Yagyu era el hijo de un famoso espadachín. Su padre, creyendo que el trabajo de su hijo era demasiado mediocre para llegar a ser un maestro en su arte, renegó de él.

De modo que Matajuro fue al Monte Futara y allí encontró al famoso espadachín Banzo. Pero Banzo confirmó el juicio del padre. «¿Quieres aprender el manejo de la espada bajo mi guía?», preguntó Banzo. «No cumples los requisitos».

«Pero si trabajo duro, ¿cuántos años me llevará ser un maestro?», insistió el joven.

«El resto de tu vida», replicó Banzo.

«No puedo esperar tanto», explicó Matajuro. «Estoy dispuesto a pasar lo que sea si me enseñas. Si me convierto en tu fiel servidor, ¿cuánto tiempo sería?».

«Oh, quizá diez años», cedió Banzo.

«Mi padre se está haciendo viejo y pronto tendré que ir a cuidar de él», continuó Matajuro. «Si trabajo más intensamente, ¿cuánto tiempo me llevará?».

«Oh, quizá treinta años», dijo Banzo.

«¿Cómo es eso?», preguntó Matajuro. «Primero dices diez y ahora treinta años. Me someteré a cualquier cosa para convertirme en maestro de este arte en el mínimo tiempo posible».

«Bien», dijo Banzo, «en ese caso tendrás que permanecer conmigo setenta años. Un hombre con tanta prisa como tú por obtener resultados, raramente aprende de forma rápida».

«Muy bien, acepto», dijo el joven, que finalmente comprendió que le rechazaban debido a su impaciencia.

A partir de entonces, Matajuro no volvió a hablar de esgrima ni a empuñar una espada. Cocinaba para su maestro, lavaba los platos, le hacía la cama, limpiaba el patio, cuidaba del jardín, y todo ello sin mencionar el asunto que le había llevado hasta allí.

Pasaron tres años, tras los cuales Matajuro seguía trabajando. Cuando pensaba en su futuro, se entristecía. Ni siquiera había empezado a aprender el arte al que había dedicado su vida.

Pero un día, Banzo se le acercó por detrás y le dio un susto terrible con una espada de madera.

Otro día, estando Matajuro cocinando arroz, Banzo saltó nuevamente sobre él sin previo aviso.

Después de eso, tuvo que estar continuamente alerta, durante el día y durante la noche, para defenderse de las repentinas estocadas de Banzo. En ningún momento dejaba de pensar en su espada.

Aprendió tan rápidamente, que su maestro no pudo evitar esbozar una sonrisa. Y de este modo Matajuro se convirtió en el más grande espadachín sobre la faz de la tierra.

92. EL ZEN DEL ATIZADOR DE FUEGO

Hakuin solía hablar a sus pupilos acerca de una anciana que había abierto un salón de té, alabando su comprensión del zen. Pero los pupilos rehusaban creer lo que les contaba el maestro, y decidieron ir al salón de té para comprobarlo ellos mismos.

En cuanto la mujer los vio aparecer, supo de inmediato quiénes habían ido a tomar té y quiénes a comprobar su conocimiento sobre el zen. A los primeros, les serviría cortésmente. A los segundos, les pediría que fueran detrás del biombo y, en cuanto obedecieran, les golpearía con el atizador de fuego.

Nueve de los diez no pudieron escapar a sus golpes.

93. EL ZEN DEL CUENTISTA

Encho era un famoso cuentista. Sus fábulas de amor conmovían el corazón de sus oyentes. Cuando contaba una historia de guerra, sus interlocutores se sentían en el campo de batalla.

Un día, Encho se encontró con Yamaoka Tesshu, un seglar que casi había abrazado la maestría zen. «Entiendo», dijo Yamaoka, «que eres el mejor cuentista de la comarca y que puedes hacer que la gente ría o llore a voluntad. Me gustaría que me contaras mi historia favorita, la del Niño Melocotón. Cuando era pequeño, solía dormir junto a mi madre, que acostumbraba a contarme esa historia. Cuando llegaba a la mitad, me quedaba dormido. Cuéntamela como lo hacía mi madre».

Encho no se atrevió a intentarlo, pero pidió tiempo para estudiar el tema. Varios meses más tarde, fue a ver a Yamaoka y le dijo: «Por favor, dame ahora la oportunidad de contarte la historia».

«Otro día», contestó Yamaoka.

Encho estaba muy decepcionado. Estudió aún más y lo intentó de nuevo. Yamaoka le rechazó muchas veces. Siempre que Encho comenzaba a hablar, Yamaoka lo interrumpía diciéndole: «Aún no eres como mi madre».

Le llevó cinco años poder contar la historia a Yamaoka como su madre lo había hecho.

De este modo fue como Yamaoka impartió el zen a Encho.

94. EXCURSIÓN A MEDIANOCHE

El maestro zen Sengai tenía muchos pupilos que estudiaban meditación. Uno de ellos solía levantarse de noche, trepaba por la pared del templo y se iba a la ciudad a divertirse.

Una noche en que inspeccionó los dormitorios, Sengai vio que ese pupilo no estaba, y descubrió también el taburete que había utilizado para escalar la pared. Al percatarse de esto, Sengai lo quitó de su sitio y se colocó él en su lugar.

Cuando el monje volvió, como no sabía que Sengai era el taburete, puso su pie sobre la cabeza del maestro y saltó al suelo. Al descubrir lo que había hecho, se quedó horrorizado.

Sengai le dijo: «Hace mucho frío a esta hora de la mañana. Ten cuidado, no vayas a coger un resfriado».

El pupilo nunca más salió por la noche.

 ## 95. CARTA A UN MORIBUNDO

Bassui escribió la siguiente carta a uno de sus discípulos que estaba a punto de morir:

«La esencia de tu mente no ha nacido, y por eso nunca morirá. No es algo material, que es perecedero. No es un vacío, que es la mera nada. No tiene color ni forma. No goza de placeres ni sufre penas».

»Sé que estás muy enfermo, y como un buen estudiante de zen, te estás enfrentando a la enfermedad. Puede que no sepas exactamente quién está sufriendo, pero pregúntate a ti mismo: ¿Cuál es la esencia de esta mente? Piensa sólo en eso. No necesitarás nada más. No anhe-

les nada. Tu fin, que no tiene fin, es como un copo de nieve que se disuelve en el aire puro».

96. UNA GOTA DE AGUA

Un maestro zen llamado Gisan pidió a un joven estudiante que le llevara un cubo de agua para enfriar su baño.

El estudiante le llevó el agua y, tras enfriar el baño, tiró al suelo la pequeña cantidad que quedaba.

«¡Zopenco!», le reprendió el maestro. «¿Por qué no diste el resto del agua a las plantas? ¿Qué derecho tienes a desperdiciar ni tan solo una gota de agua en este templo?».

El joven estudiante se iluminó en ese instante, y cambió su nombre por el de Tekisui, que significa gota de agua.

97. ENSEÑAR LO ESENCIAL

Hace muchos años, se utilizaban en Japón linternas de papel y bambú con velas en su interior. En una ocasión, un ciego, que había ido de noche a visitar a un amigo, recibió una linterna para el camino de regreso a casa.

«No necesito una linterna», dijo. «La luz o la oscuridad son para mí la misma cosa».

«Sé que no necesitas una linterna para encontrar tu camino», replicó su amigo, «pero si no tienes una, alguien puede tropezar contigo. De modo que debes llevártela».

El ciego partió con la linterna y antes de que hubiera dado cuatro pasos, alguien tropezó con él. «¡Mira por dónde vas!», le gritó al extraño. «¿Es que no ves la linterna?».

«Su vela se ha apagado, hermano», replicó el extraño.

98. DESAPEGO

Kitano Gempo, abad del templo de Eihei, tenía noventa y dos años cuando murió en el año 1933. Había dedicado toda su vida a no sentir apego por nada. Como mendigo errante, cuando tenía veinte años se encontró con un viajero que fumaba tabaco. Mientras caminaban juntos por un sendero de la montaña, pararon a descansar bajo un árbol. Allí el viajero ofreció tabaco a Kitano y éste lo aceptó, pues tenía mucha hambre.

«Qué placentero resulta fumar», comentó. Al día siguiente el viajero le dio una pipa que le sobraba y se separaron.

Kitano pensó: «Las cosas tan placenteras pueden perturbar la meditación. Será mejor que pare esto ahora, antes de que vaya demasiado lejos». De modo que arrojó el tabaco y la pipa.

Cuando tenía veintitrés años, estudió el *I Ching*, la doctrina más profunda del universo. Era invierno y necesitaba ropas de abrigo. Escribió a su maestro, que vivía a 160 km de distancia, para contarle su necesidad, y le dio la carta a un viajero para que la entregara. Pasó casi todo el invierno y no llegaron ni ropas ni respuesta. De modo que Kitano acudió al *I Ching*, que también enseña el arte de la adivinación, para determinar si su carta se había extraviado, y comprobó que ése había sido el caso. Y lo confirmó al ver que una carta posterior de su maestro no hacía mención alguna a las ropas.

«Si sigo estudiando con tanto énfasis el *I Ching*, puedo descuidar mi meditación», pensó Kitano. Así que abandonó esa maravillosa enseñanza y nunca recurrió a su poder.

Cuando tenía veintiocho años, estudió caligrafía china y poesía. Llego a ser tan diestro en estas artes, que su maestro le alabó. Kitano pensó: «Si no me detengo ahora, seré un poeta y no un maestro zen». De modo que nunca más escribió un poema.

獨 99. EL VINAGRE DE TOSUI

Tosui era el maestro zen que dejó el formalismo de los templos para vivir bajo un puente junto a los pordioseros. Cuando se estaba haciendo muy viejo, un amigo le ayudó a ganarse la vida sin mendigar. Le mostró cómo recolectar arroz y elaborar vinagre a partir de él, y Tosui lo hizo hasta el día en que murió.

Un día que Tosui se hallaba elaborando vinagre, uno de los mendigos le dio un retrato de Buda. Tosui lo colgó de la pared de su choza y puso una nota debajo. La nota leía:

Sr. Amida Buda: Esta pequeña habitación es muy estrecha. Puedo permitir que te quedes como transeúnte. Pero no pienses que te estoy pidiendo que me hagas renacer en tu paraíso.

100. EL TEMPLO SILENCIOSO

Shoichi era un maestro fuerte que brillaba en la luz de la iluminación. Enseñaba a sus discípulos en el templo de Tofuku.

Día y noche el templo en el que se alojaba permanecía en silencio. No había ningún sonido.

Shoichi abolió incluso la recitación de los sutras. Sus pupilos no tenían nada que hacer salvo meditar.

Cuando el maestro murió, un antiguo vecino oyó el repicar de campanas y la recitación de sutras. Entonces supo que el maestro había fallecido.

101. EL ZEN DE BUDA

Buda dijo: «Considero la posición de reyes y gobernantes como meras motas de polvo. Contemplo sus tesoros de oro y piedras preciosas como si fueran ladrillos y guijarros. Veo las más delicadas ropas de seda como si fueran mugrientos harapos. Veo una miríada de mundos en el universo como pequeñas simientes de fruta, y el mayor lago de India como una gota de aceite en mi pie. Percibo las enseñanzas de la tierra como la ilusión creada por unos magos. Veo la más alta concepción de la emancipación como un dorado brocado en un sueño, y observo el sagrado sendero de los iluminados como flores apareciendo en los ojos. Veo la meditación como el pilar de una montaña, el Nirvana como una pesadilla diurna. Me imagino el juicio sobre el bien y el mal como la danza serpenteante de un dragón, y el surgimiento y la caída de las creencias como rastros de las cuatro estaciones».

LA ENTRADA SIN PUERTA

por
EKAI, CONOCIDO COMO MU-MON

Transcrito por
NYOGEN SENZAKI Y PAUL REPS

Si te agradan los caramelos y la vida fácil, aparta este libro, pues trata sobre el tremendo intento de los hombres de renacer, trata del satori, de la iluminación.

Te puede ocurrir a ti. En un momento algo se abre y eres alguien nuevo. Ves el mismo mundo distinto con ojos nuevos.

Este poder de renovación del universo ocurre a través de la gracia, no de la lógica. Lo que quiera que hagas o dondequiera que estés, parece influir poco. No tiene sentido. Sólo te hace a ti.

Los antiguos chinos ideaban problemas llamados koan para detener el incesante movimiento de la mente. Cuando el estudiante meditaba sobre un koan, era su modo de decir: «No malgastes tu vida únicamente sintiendo; canaliza tu pensamiento y sentimiento hacia un propósito y deja que ocurra».

¿Se ha perdido este arte de observar la propia luz? No debería ser así si ponéis vuestra mente y todo cuanto tenéis en ello.

Estos ancianos maestros felicitaban a sus estudiantes a través de la crítica, incluso de los golpes. Y cuando les elogiaban, ello solía significar que restaban importancia al hecho que alababan. Ésa era la costumbre. Tenían un gran interés por sus pupilos, pero lo mostraban con hechos, no con palabras.

Eran personas fuertes, agitadores. Hacían preguntas cuya única respuesta era un ser completo.

¿Cuál es la respuesta correcta a un koan? Existen muchas respuestas correctas, así como ninguna. Incluso hay un libro en Japón que proporciona respuestas adecuadas a cada uno de estos abridores de la mente, si bien es difícil de conseguir. ¡Vaya broma! Pues el mismo koan es su respuesta, y en el momento en que exista una respuesta correcta, el zen muere.

Lo siguiente es una adaptación del prólogo a la primera edición en lengua inglesa de este libro.

▲

La enseñanza de Buda se extendió por India 500 años antes de la época de Jesús y 1.000 años antes de Mahoma. El budismo se unió a la corriente de las grandes religiones del mundo mucho antes que el cristianismo y del islamismo.

Las escrituras budistas se tradujeron al chino por chinos e hindúes, dinastía tras dinastía, desde el primer siglo de la era cristiana. Sin embargo, la esencia del budismo llegó a China hasta 520 d. C., año en que la introdujo Bodhidharma, el primer patriarca zen. La sabiduría de la iluminación generada por el Buda a través del silente Bodhidharma fue heredada por su sucesor, y seguida de modo similar a través de muchas generaciones. Fue así como el zen entró, se nutrió y se extendió a través de China y, finalmente, Japón.

La palabra japonesa zen –ch'an en chino, dhyana en sánscrito– significa «meditación». El zen persigue, a través de la meditación, comprender lo que Buda comprendió, la emancipación de la propia mente. Ofrece un método de autobúsqueda, habitualmente bajo la guía personal de un maestro.

El zen tiene muchos textos clásicos, de los cuales esta obra es uno. Mumom-kan –literalmente «sin barrera de entrada»– fue recopilado por el maestro chino Ekai, también llamado Mu-mon, que vivió desde 1183 hasta 1260. La obra consiste en la narración de relaciones entre ancianos maestros chinos y sus pupilos, y pone énfasis en la sublimación de las tendencias dualistas, generalistas, intelectualistas de los estudiantes, para conseguir que se hagan conscientes de su verdadera naturaleza. Los problemas o desafíos internos con los que los maestros confrontaban a sus discípulos se llamaban koans, y cada una de las historias que se ofrecen es un koan en sí misma.

Las historias se han escrito en lenguaje coloquial para actualizar la máxima enseñanza, la observación del propio ser. Ocasionales episodios de aparente violencia deben interpretarse como vigor y celo. Ninguna de las historias pretende ser lógica. Tratan acerca de los estados de la mente más que de las palabras. Salvo que esto sea comprendido, se perderá el objetivo del clásico. Toda la intención de estos relatos era ayudar al discípulo a romper la concha de su mente limitada y alcanzar un segundo nacimiento eterno, el satori, la iluminación.

Cada problema es una barrera. Aquellos que tengan el espíritu del zen pasarán a través de ella. Aquellos que vivan en el zen, comprenderán un koan después de otro, cada uno en el modo adecuado, como si vieran lo invisible y vivieran en lo ilimitable.

▲

Mu-mon escribió las siguientes palabras en su introducción a la obra:

«El zen no tiene puertas. El propósito de las palabras de Buda es iluminar a otros. Por tanto, el zen no debe tener puertas.

»Ahora bien, ¿Cómo atraviesa uno esta entrada sin puertas? Algunos dicen que sea lo que sea que entre a través de una puerta no es un tesoro familiar, que cualquier cosa producida por la ayuda de otros está destinada a disolverse y perecer.

»Incluso tales palabras son como levantar olas en un mar sin viento o ejecutar una operación en un cuerpo sano. Si uno se aferra a lo que otros han dicho e intenta entender el zen a través de la explicación, es como un tonto que cree que podrá dar a la luna con un palo o rascarse el pie a través del zapato. Será imposible.

»En el año 1228 estaba dando una conferencia a unos monjes en el templo de Ryusho, al este de China, y, a petición suya, conté antiguos koans con la intención de inspirar su espíritu zen. Quise utilizarlos como un

hombre que coge un trozo de ladrillo para llamar a una puerta, y, una vez abierta, el ladrillo es inútil y se lanza. Sin embargo, y para sorpresa mía, mis notas se recopilaron y dieron cuarenta y ocho koans junto con mi comentario en prosa y un verso sobre cada uno, aunque el orden no era el que yo había utilizado. He llamado al libro La entrada sin puerta, y espero que los estudiantes lo lean como una guía.

»Si un lector es lo suficientemente valiente y avanza en su meditación, ninguna ilusión le disturbará. Llegará a la iluminación igual que lo hicieron los patriarcas en China e India, probablemente incluso mejor. Pero si duda un momento, será una persona que mira desde una pequeña ventana para ver pasar a un jinete que, en un guiño, ha pasado sin que lo viera».

«El gran camino no tiene puertas,
miles de carreteras entran en él.
Cuando uno atraviesa esta entrada sin puerta
Camina libremente entre la tierra y el cielo».

狗 1. EL PERRO DE JOSHU

Un monje preguntó al maestro chino de zen Joshu: «¿Un perro tiene naturaleza búdica o no?».

Joshu respondió: «Mu». [Mu es el símbolo negativo en chino, y significa «Nada» o «No»].

Comentario de Mu-mon: Para comprender el zen, uno debe atravesar la barrera de los patriarcas. La iluminación siempre llega una vez que el camino del pensamiento está bloqueado. Si no atravesáis la barrera de los patriarcas o si el camino de vuestro pensamiento no está bloqueado, cualquier cosa que penséis, cualquier cosa que hagáis, es como un fantasma confuso. Puede ser que preguntéis: «¿Qué es la barrera de un patriarca?». Esta palabra, Mu, lo es.

Ésta es la barrera del zen. Si la atravesáis, veréis a Joshu cara a cara. Entonces podréis trabajar mano a mano con toda la línea de los patriarcas. ¿No es eso algo placentero?

Si queréis atravesar esta barrera, debéis trabajar con cada hueso de vuestro cuerpo, con cada poro de vuestra piel, llenándoos de esta pregunta: «¿Qué es Mu?», y llevándola con vosotros día y noche. No creáis que es el símbolo negativo común que significa nada. No es la nada, lo opuesto a la existencia. Si realmente queréis atravesar esta barrera, deberíais sentiros como si bebierais una bola de acero caliente que no podéis tragar pero tampoco escupir.

Tras lograrlo, vuestro conocimiento menor previo desaparecerá. Como una fruta que madura en su momento, vuestra subjetividad y objetividad se volverán una de forma natural. Es como un hombre mudo que ha tenido un sueño. Lo conoce pero no puede explicarlo.

Cuando alcanza esta condición, la concha de su ego se quiebra y puede agitar el cielo y mover la tierra. Es como un gran guerrero con una espada afilada. Si un Buda se interpone en su camino, lo matará; si un patriarca le opone cualquier obstáculo, lo matará; y será libre en esta vía de nacimiento y muerte. Puede entrar en cualquier mundo como si fuera su propio patio de juegos. Te diré lo que debes hacer con este *koan*:

Concentrad toda vuestra energía en este Mu, y no permitáis ninguna interrupción. Cuando entréis en este Mu sin ninguna interrupción, vuestro logro será como una vela ardiendo e iluminando al universo entero.

¿Tiene un perro naturaleza búdica?
Ésta es la cuestión más seria de todas.
Si decís sí o no,
perdéis vuestra propia naturaleza búdica.

狐 2. EL ZORRO DE HYAKUJO

En una ocasión, cuando Hyakujo impartía conferencias sobre zen, un anciano le atendía sin que le vieran los monjes. Al finalizar, cuando los monjes se iban, él también se marchaba. Pero un día se quedó y Hyakujo le preguntó: «¿Quién eres?».

El anciano respondió: «No soy un ser humano, pero lo fui cuando el Buda Kashapa predicaba en este mundo. Fui un maestro zen y viví en esta montaña. En aquel tiempo, uno de mis estudiantes me preguntó si un hombre iluminado está sujeto a la ley de la causalidad. Le respondí: "El hombre iluminado no está sujeto a la ley de la causalidad". Debido a esta respuesta, que evidenciaba una adhesión a la independencia, me convertí en un zorro por quinientos renacimientos, y continúo siendo un zorro. ¿Me salvarías de esta condición con tus palabras zen para que pudiera salir del cuerpo de un zorro? Ahora, puedo preguntarte: «¿Está el hombre iluminado sujeto a la ley de la causalidad?».

Hyakujo dijo: «El hombre iluminado es uno con la ley de la causalidad».

Con las palabras de Hyakujo el anciano recibió la iluminación. «Estoy liberado», dijo rindiendo homenaje con una profunda reverencia. «Ya no soy un zorro, pero debo dejar mi cuerpo en mi morada detrás de esta montaña. Te ruego ejecutes mi funeral como el de un monje». Entonces desapareció.

Al día siguiente, Hyakujo dio orden al prior para que se preparase para atender el funeral de un monje. «No había ningún enfermo en la enfermería», comentaban los monjes. «¿A qué se refiere nuestro maestro?».

Después de comer, Hyakujo condujo a los monjes fuera, a la montaña. Allí, se paró en una cueva, sacó el cadáver de un viejo zorro y realizó la ceremonia de la cremación.

Esa tarde, Hyakujo dio una charla a los monjes y relató esta historia acerca de la ley de la causalidad.

Obaku, al escuchar la historia, preguntó a Hyakujo: «Comprendo que hace mucho tiempo, debido a que dio una respuesta zen errónea, una persona se convirtió en un zorro por el tiempo de quinientos renacimientos. Ahora quiero preguntar algo. Si a un maestro moderno le preguntan sobre muchas cuestiones y siempre da la respuesta correcta, ¿qué será de él?».

Hyakujo dijo: «Ven junto a mí y te lo diré».

Obaku fue junto a Hyakujo y abofeteó el rostro del maestro, puesto que sabía que ésta era la respuesta que su maestro pretendía darle.

Hyakujo aplaudió y rió. «Pensaba que un persa tenía una barba roja», dijo, «y ahora conozco a un persa que tiene una barba roja».

Comentario de Mu-mon: «El hombre iluminado no está sujeto». ¿Cómo puede esta respuesta convertir al monje en un zorro?

«El hombre iluminado es uno con la ley de la causalidad». ¿Cómo puede esta respuesta hacer que el zorro se libere?

Para comprenderlo con claridad uno debe tener un solo ojo.

¿Controlado o no controlado?
El mismo dado muestra dos caras.
No controlado o controlado,
ambas son un penoso error.

3. EL DEDO DE GUTEI

Gutei alzaba su dedo cada vez que se le hacía una pregunta sobre zen. Un chico sirviente comenzó a imitarlo. Cuando alguien preguntaba al chico sobre qué había predicado el maestro, el chico levantaba su dedo.

Gutei tuvo noticias de la travesura del muchacho. Lo agarró y le cortó el dedo. El chico lloró y se escapó corriendo. Gutei gritó y le hizo parar. Cuando el muchacho volvió su cabeza hacia Gutei, Gutei alzó su propio dedo. En ese instante el chico fue iluminado.

Cuando Gutei estaba a punto de dejar este mundo, reunió a los monjes a su alrededor. «Obtuve mi dedo-zen», dijo, «de mi maestro

Tenryu, y en toda mi vida no he podido agotarlo». Entonces falleció.

Comentario de Mu-mon: La iluminación, que tanto Gutei como el chico alcanzaron, no tiene nada que ver con un dedo. Si alguien se apega a un dedo, Tenryu estará tan contrariado que aniquilará a Gutei, al muchacho y al que se apega a algo, todos de una vez.

> *Gutei abarata la enseñanza de Tenryu,*
> *liberando al muchacho con un cuchillo.*
> *Comparado con el dios chino que apartó una montaña con una sola mano*
> *el viejo Gutei es un pobre imitador.*

4. UN EXTRANJERO IMBERBE

Wakun se quejó cuando vio una fotografía del barbado Bodhidharma: «¿Por qué ese tipo no lleva barba?».

Comentario de Mu-mon: Si queréis estudiar zen, debéis hacerlo con vuestro corazón. Cuando logréis la realización, ésta debe ser realización verdadera. Vosotros mismos debéis tener el rostro del gran Bodhidharma para verle. Será suficiente un solo vistazo. Pero si decís que lo habéis encontrado, es que nunca le habéis visto.

> *No se debería discutir un sueño*
> *delante de un simplón.*
> *¿Por qué Bodhidharma no tiene barba?*
> *¡Qué absurda cuestión!*

5. KYOGEN TREPA AL ÁRBOL

Kyogen dijo: «Zen es como un hombre colgando de un árbol por sus dientes por encima de un precipicio. Sus manos no cogen ninguna rama, sus pies no descansan en ningún extremo, y, bajo el árbol, una persona le pregunta: "¿Por qué vino Bodhidharma a China desde la India?"

»Si el hombre del árbol no responde, fracasa; y si responde, cae y pierde su vida. ¿Qué es lo que debe hacer?».

Comentario de Mu-mon: en ese trance, la elocuencia más talentosa no es útil. Si habéis memorizado todos los sutras, no podéis usarlos. Cuando podáis dar la respuesta correcta, incluso aunque vuestro camino haya sido el de la muerte, abrís un nuevo camino de vida. Pero si no podéis responder, deberéis vivir muchos años y preguntar al futuro Buda, Maitreya.

> *Kyogen es un verdadero tonto*
> *esparciendo ese veneno asesino del ego*
> *que cierra las bocas de sus discípulos*
> *y permite que sus lágrimas fluyan de sus ojos muertos.*

6. BUDA HACE GIRAR UNA FLOR

Cuando Buda estaba en la montaña de Grdhrakuta, cogió una flor entre sus dedos y la sostuvo ante sus oyentes. Todo el mundo guardaba silencio. Sólo Maha-Kashapa sonrió ante esta revelación, aunque intentó controlar la expresión de su rostro.

Buda dijo: «Yo tengo el ojo de la verdadera enseñanza, el corazón del Nirvana, el verdadero aspecto de la no-forma y el inefable paso del Dharma. No se expresa en palabras, sino que se transmite de modo especial más allá de la enseñanza. Esta enseñanza se la he dado a Maha-Kashapa».

Comentario de Mu-mon: El Gautama de rostro dorado pensó que podría engañar a cualquiera. Convirtió a los buenos oyentes en malos y vendió carne de perro como si fuera de carnero. Y él mismo pensaba que era maravilloso. ¿Qué hubiese ocurrido si toda su audiencia hubiera reído a la vez? ¿Cómo podría haber transmitido la enseñanza? Y, por otro lado, si Maha-Kashapa no hubiese sonreído, ¿cómo podría haber transmitido la enseñanza? Si dice que la realización puede transmitirse, es como el hombre adulador de la ciudad que engaña al del campo, y si dice que no puede transmitirse, ¿por qué aprueba a Maha-Kashapa?

En el giro de una flor
se expuso su máscara.
Nadie en el cielo o en la tierra puede superar
el rostro arrugado de Maha-Kashapa.

洗 7. JOSHU LAVA EL CUENCO

Un monje le dijo a Joshu: «Acabo de entrar en el monasterio. Te ruego que me instruyas».

Joshu respondió: «¿Has comido tu polenta de arroz?».

El monje replicó: «He comido».

Joshu dijo: «Entonces será mejor que laves tu cuenco».

En ese momento, el monje se iluminó.

Comentario de Mu-mon: Joshu es el hombre que abre su boca y muestra su corazón. Dudo que este monje viera realmente el corazón de Joshu. Espero que no confundiera la campana por un jarro.

> *Es tan claro y aún tan difícil de ver.*
> *Un tonto buscó fuego con un farol encendido.*
> *Si hubiera sabido lo que era el fuego,*
> *habría cocinado su arroz mucho antes.*

輪 8. LA RUEDA DE KEICHU

Getsuan dijo a sus estudiantes: «Keichu, el primer hacedor de ruedas de China, hizo dos ruedas de cincuenta rayos cada una. Ahora, imaginad que movéis el cubo de la rueda juntando los rayos. ¿Qué ocurriría con la rueda? Y si Keichu hubiera hecho eso, ¿podría ser conocido como el maestro hacedor de ruedas?».

Comentario de Mu-mon: Si alguien puede resolver esta cuestión de forma instantánea, sus ojos serán como una cometa y su mente, como un relámpago de luz.

> *Cuando la rueda sin cubo gira,*
> *ni maestro ni no maestro pueden detenerla.*
> *Gira por encima del cielo y bajo la tierra,*
> *al sur, norte, este, y oeste.*

9. UN BUDA ANTE LA HISTORIA

Un monje preguntó a Seijo: «Comprendo que un Buda que haya vivido antes de que se escribiera la historia se sentara en meditación durante diez ciclos de existencia y no pudiera alcanzar la más alta verdad, y, por tanto, no pudiera liberarse por completo. ¿Por qué era así?».

Seijo replicó: «Tu pregunta encierra su respuesta».

El monje preguntó: «Dado que el Buda estaba meditando, por qué no pudo alcanzar el estado de Buda?».

Seijo dijo: «No era un Buda».

Comentario de Mu-mon: Permitiré su realización, pero no admitiré su comprensión. Cuando un ignorante logra la realización, es un santo. Cuando un santo comienza a comprender, es un ignorante.

> *Es mejor la realización de la mente que la del cuerpo.*
> *Cuando la mente se ha realizado, uno no se preocupa acerca del cuerpo.*
> *Cuando la mente y el cuerpo se convierten en uno,*
> *el hombre es libre. Entonces no desea alabanza.*

10. SEIZEI POBRE Y SOLO

Un monje llamado Seizei preguntó por Sozan: «Seizei está solo y es pobre. ¿Podríais ayudarle?».

Sozan preguntó: «¿Seizei?».

Seizei respondió: «Sí, señor».

Sozan dijo: «Tienes el zen, el mejor vino de China, ya te has terminado tres copas y aún dices que ni siquiera han mojado tus labios».

Comentario de Mu-mon: Seizei exageró su papel. ¿Por qué lo hizo? Porque Sozan tenía ojos y sabía con quién trataba. Aun así, quiero preguntar: ¿En qué momento Seizei bebió vino?

El hombre más pobre de China,
el hombre más valiente de China,
a duras penas se mantiene a sí mismo,
y aún desea competir con el más acaudalado.

11. JOSHU EXAMINA A UN MONJE EN MEDITACIÓN

Joshu fue a un lugar en el que un monje se había retirado a meditar y le preguntó: «¿Qué es, es qué?».

El monje alzó su puño.

Joshu replicó: «Los barcos no pueden permanecer donde el agua es muy poco profunda». Y se marchó.

Unos días después, Joshu volvió a visitar al monje y le hizo la misma pregunta.

El monje respondió del mismo modo.

Joshu dijo: «Bien dado, bien tomado, bien matado y bien salvado». E hizo una reverencia ante el monje.

Comentario de Mu-mon: El puño alzado era el mismo las dos veces. ¿Por qué Joshu no lo admitió la primera vez y sí la segunda? ¿Dónde está el error?

Quienquiera que conteste a esto sabe que la lengua de Joshu no tiene hueso, de modo que puede utilizarla con libertad. Quizá Joshu está equivocado. O, a través de ese monje, puede que haya descubierto su equivocación.

Si alguien piensa que la percepción de uno excede a la del otro, no tiene ojos.

> *La luz de los ojos es como una cometa,*
> *y la actividad zen es como un relámpago.*
> *La espada que mata al hombre*
> *es la espada que salva al hombre.*

誤 12. ZUIGAN LLAMA A SU MAESTRO

Zuigan se llamaba a sí mismo todos los días: «Maestro».

Y se respondía a sí mismo: «Sí, señor».

Y después añadía: «Sé sobrio».

A lo que de nuevo respondía: «Sí, señor».

«Y después de eso», continuaba, «no te dejes decepcionar por los demás».

«Sí, señor; sí, señor», contestaba.

Comentario de Mu-mon: El viejo Zuigan se vende y se compra a sí mismo. Está ofreciendo un espectáculo de marionetas. Utiliza una máscara para decir «Maestro» y otra que contesta al maestro. Otra máscara dice «Sé sobrio», y otra, «No te dejes engañar por otros». Si alguien se apega a alguna de sus máscaras, está equivocado, pero si imita a Zuigan, se convertirá en un zorro.

> *Algunos estudiantes de zen no ven al verdadero hombre de la máscara*
> *porque reconocen el alma del ego.*

El alma del ego es la semilla del nacimiento y de la muerte,
y la gente necia le llama el hombre verdadero.

13. *TOKUSAN SUJETA SU CUENCO*

Tokusan se dirigió al comedor desde la sala de meditación sujetando su cuenco. Seppo estaba cocinando. Cuando encontró a Tokusan, le dijo: «Aún no ha sonado la llamada de la comida. ¿Adónde vas con tu cuenco?».

De modo que Tokusan regresó a su cuarto.

Seppo explicó a Ganto lo sucedido. Ganto dijo: «El viejo Tokusan no ha comprendido la verdad última».

Tokusan tuvo noticia de este comentario y pidió ver a Ganto. «He oído», dijo, «que no apruebes mi zen». Ganto lo admitió indirectamente. Tokusan no dijo nada.

Al día siguiente, Tokusan dio un tipo de charla totalmente distinta a los monjes. Ganto rió y batió palmas, diciendo: «Veo que nuestro hombre sí comprende la verdad última. Nadie en China puede superarle».

Comentario de *Mu-mon*: Hablando acerca de la verdad última, ni Ganto ni Tokusan la sueñan siquiera. Después de todo, son muñecos.

Quienquiera que comprenda la primera verdad
debe comprender la verdad última.
La última y la primera,
¿no son lo mismo?

14. NANSEN PARTE AL GATO POR LA MITAD

Nansen vio a los monjes de las salas este y oeste peleando por un gato. Cogió al gato y dijo a los monjes: «Si cualquiera de vosotros dice una buena palabra, podéis salvar al gato».

Nadie respondió. De modo que cortó al gato en dos.

Esa tarde, Joshu regresó y Nansen le explicó lo sucedido. Joshu se quitó las sandalias y, colocándolas en su cabeza, salió.

Nansen dijo: «Si hubieras estado ahí, podrías haber salvado al gato».

Comentario de Mu-mon: ¿Por qué Joshu puso sus sandalias sobre su cabeza? Si alguien contesta a esta pregunta, comprenderá exactamente cómo Nansen dio fuerza al mandato. Si no, deberá vigilar su propia cabeza.

Si Joshu hubiera estado allí,
habría dado fuerza al mandato en sentido contrario.
Joshu arranca la espada
y Nansen ruega por su vida.

15. LOS TRES TOQUES DE TOZAN

Tozan fue a ver a Ummon, y éste le preguntó de dónde venía.

Tozan dijo: «De Sato».

Ummon preguntó: «¿En qué templo te quedarás durante el verano?».

Tozan contestó: «En el templo de Hoji, al sur del lago».

«¿Cuándo te fuiste de ahí?», preguntó Ummon, pensando cuánto tiempo seguiría Tozan con esas respuestas de hecho.

«El veinticinco de agosto», respondió Tozan.

Ummon dijo: «Debería darte tres toques con una vara, pero hoy te perdono».

Al día siguiente, Tozan hizo una reverencia ante Ummon y preguntó: «Ayer me perdonaste tres toques. No se por qué consideras que estaba errado».

Ummon, reprochando las respuestas insípidas de Tozan, dijo: «Eres bueno para nada. Simplemente te paseas de un monasterio a otro».

Antes de que las palabras de Ummon finalizaran, Tozan estaba iluminado.

Comentario de Mu-mon: Ummon dio a Tozan buena comida zen. Si Tozan es capaz de digerirla, Ummon podrá añadir otro miembro a su familia.

Por la tarde, Tozan nadó en un mar de bien y mal, pero al anochecer, Ummon quebró su cáscara de nuez. Después de todo, no era tan listo.

Ahora, quiero preguntar: ¿Merecía Tozan los tres toques? Si decís sí, no sólo Tozan sino cada uno de vosotros los merece. Si decís no, Ummon cuenta una mentira. Si respondéis a esta cuestión claramente, podréis comer la misma comida que Tozan.

La leona enseña a sus cachorros rudamente;
los cachorros saltan y ella los tira al suelo.
Cuando Ummon vio a Tozan su primera flecha fue ligera;
la segunda entró profundamente.

鍾 16. CAMPANAS Y VESTIDURAS

Ummon preguntó: «El mundo es muy grande, ¿por qué respondéis a una campanilla y vestís ropajes ceremoniales?».

Comentario de Mu-mon: Cuando se estudia zen, no resulta necesario seguir un sonido, forma o color. Incluso aunque algunos hayan alcanzado el conocimiento interior escuchando una voz o viendo un color o una forma, se trata de una manera muy común. No es zen verdadero. El zen verdadero controla el sonido, el color, la forma, y realiza la verdad en la vida cotidiana.

El sonido llega al oído, el oído va hacia el sonido. Cuando emborronáis el sonido y el sentido, ¿qué entendéis? Mientras se escucha con los oídos, nunca se podrá comprender. Para comprender íntimamente, debéis ver el sonido.

Cuando comprendes, perteneces a la familia;
cuando no comprendes, eres un extraño.
Aquellos que no comprenden pertenecen a la familia,
y cuando comprenden son extraños.

返 17. LAS TRES LLAMADAS DEL MAESTRO DEL
荅 EMPERADOR

Chu, llamado Kokushi, maestro del emperador, llamó a su sirviente: «Oshin».

Oshin respondió: «Sí».

Chu repitió para poner a prueba a su pupilo: «Oshin».

Oshin repitió: «Sí».

Chu llamó: «Oshin».

Oshin respondió: «Sí».

Chu dijo: «Debería disculparme por llamar tanto, pero en realidad eres tú quien debe pedirme disculpas».

Comentario de Mu-mon: Cuando el viejo Chu llamó a Oshin tres veces, su lengua sólo repetía las palabras, pero cuando Oshin respondió tres veces, éstas fueron brillantes. Chu se estaba volviendo decrépito y solitario, y su método de enseñanza se parecía a tener que sujetar la cabeza de una vaca para alimentarla abundantemente.

Oshin tampoco se preocupaba por mostrar su zen. Su estómago satisfecho no deseaba un festín. Cuando el país es próspero, todo el mundo es indolente; cuando la casa es rica, los niños se malcrían.

Ahora quiero preguntaros: ¿Cuál de los dos debería disculparse?

Cuando los barrotes de la prisión son de acero y no dejan
espacio para la cabeza, el prisionero tiene un doble problema.
Cuando no hay lugar para el zen en la cabeza de nuestra
generación, ésta se encuentra ante un lastimoso problema.
Si intentáis sostener la entrada y la puerta de una casa que se derrumba,
también vosotros tendréis un problema.

18. LAS TRES LIBRAS DE TOZAN

Un monje le preguntó a Tozan cuando estaba pesando lino: «¿Qué es Buda?».

Tozan dijo: «Este lino pesa tres libras».

Comentario de Mu-mon: El zen del viejo Tozan es como una almeja. En el momento en que la concha se abre es posible ver todo el interior. De todos modos, quiero preguntaros: ¿Veis al verdadero Tozan?

Tres libras de lino frente a vosotros,
lo suficientemente cerca, y la mente aún más cerca.
Quienquiera que hable sobre afirmación y negación
vive en la región equivocada.

19. CADA DÍA ES EL CAMINO

Joshu le preguntó a Nansen: «¿Qué es el camino?».
Nansen dijo: «La vida de cada día es el camino».
Joshu preguntó: «¿Puede estudiarse?».
Nansen dijo: «Si intentas estudiarla, estarás muy lejos de ella».
Joshu preguntó: «Si no estudio, ¿cómo puedo saber que es el camino?».
Nansen dijo: «El camino no pertenece al mundo de la percepción y tampoco pertenece al mundo de la no percepción. El conocimiento es una ilusión y el no conocimiento es insensato. Si quieres llegar al camino verdadero sin ninguna duda, colócate en la misma libertad que el cielo. Puedes llamarlo tanto bueno como no-bueno».
Ante estas palabras, Joshu fue iluminado.

Comentario de Mu-mon: Nansen detectó inmediatamente las gélidas dudas de Joshu cuando éste le hizo sus preguntas. Dudo, sin embargo, si Joshu llegó al punto al que llegó Nansen. Necesitaba treinta años más de estudio.

En primavera, cientos de flores; en otoño, una luna de cosecha;
en verano, una brisa refrescante; en invierno, la nieve os acompañará.
Si las cosas inútiles no penden de vuestras mentes,
cualquier estación es una buena estación.

20. EL HOMBRE ILUMINADO

Shogen preguntó: «¿Por qué el hombre iluminado no se pone en pie y se explica?». Y dijo también: «No es necesario que el discurso venga de la lengua».

Comentario de Mu-mon: Shogen habló lo suficientemente claro, pero, ¿cuántos lo entenderán? Si alguien comprende, debería venir a verme y probar mi vara. Vaya, daos cuenta, para probar oro verdadero debéis verlo a través del fuego.

Si los pies de la iluminación se movieran,
el inmenso océano se desbordaría;
si esa cabeza hiciera una reverencia,
miraría hacia abajo por encima de los cielos.
Un cuerpo así no tiene donde descansar...
Dejemos que otro continúe este poema.

21. ESTIÉRCOL SECO

Un monje le preguntó a Ummon: «¿Qué es Buda?». Ummon le respondió: «Estiércol seco».

Comentario de Mu-mon: Me parece que Ummon es tan pobre que no puede distinguir el sabor de una comida de otra; es más, está muy ocupado escribiendo cartas legibles. Lo cierto es que intentó sostener su escuela con estiércol seco. Y su enseñanza resultó igual de inútil.

El relámpago resplandece,
llueven chispas.
Con un guiño de vuestros ojos
no lo habéis visto.

22. EL SIGNO DE LA PREDICACIÓN DE KASHAPA

Anada le preguntó a Kashapa: «Buda te dio el manto dorado de la sucesión. ¿Qué más te dio?».

Kashapa dijo: «Ananda».

Ananda respondió: «Sí, hermano».

Dijo Kashapa: «Ahora puedes quitar mi signo de predicación y colocar el tuyo».

Comentario de Mu-mon: Si alguien entiende esto, verá a la antigua hermandad que sigue reunida, pero si no, incluso aunque haya estudiado la verdad en épocas anteriores a los Budas, no alcanzará la iluminación.

El centro de la cuestión es estúpido pero la respuesta es íntima.
¿Cuántas personas que la oyeran abrirían sus ojos?
El hermano mayor llama y el menor responde,
esta primavera no pertenece a una estación ordinaria.

23. NO PIENSES BIEN, NO PIENSES NO-BIEN

Cuando se emancipó, el sexto patriarca recibió del quinto el cuenco y el manto entregado por Buda a sus sucesores, generación tras generación.

Un monje llamado E-myo, por envidia, persiguió al patriarca para arrebatarle ese gran tesoro. El sexto patriarca depositó el cuenco y el manto sobre una piedra en el camino y dijo a E-myo: «Estos objetos sólo simbolizan la fe. No tiene sentido luchar por ellos. Si los deseas, llévatelos ahora».

Cuando E-myo se dirigió a coger el cuenco y el manto, éstos pesaban como montañas. No pudo moverlos. Temblando de vergüenza, dijo: «He venido buscando la enseñanza, no los tesoros materiales. Te ruego que me instruyas».

El sexto patriarca dijo: «Cuando no piensas bien y cuando no piensas no-bien, ¿cuál es tu verdadero ser?».

Ante estas palabras, E-myo fue iluminado. La transpiración cubrió todo su cuerpo. Lloró e hizo reverencias, diciendo: «Me has dado las palabras y los significados secretos. ¿Existe aún una parte más profunda de la enseñanza?».

El sexto patriarca replicó: «Lo que te he contado no es ningún secreto. Cuando alcanzas tu verdadero ser, el secreto te pertenece».

E-myo dijo: «He estado con el quinto patriarca durante muchos años, pero no pude comprender mi verdadero ser hasta ahora. A través de tu enseñanza he hallado la fuente. Una persona bebe agua y sabe si está fría o caliente. ¿Puedo llamarte mi maestro?».

El sexto patriarca replicó: «Hemos estudiado juntos con el quinto patriarca. Llámale a él tu maestro, pero conserva como un tesoro lo que has alcanzado».

Comentario de Mu-mon: El sexto patriarca fue realmente bondadoso en una emergencia semejante. Fue como si hubiera quitado la piel y las semillas de la fruta y entonces, abriendo la boca del pupilo, le dejara comer.

No podéis describirlo, no podéis dibujarlo,
no podéis admirarlo, no podéis sentirlo.
Es vuestro verdadero ser, no tiene lugar donde esconderse.
Cuando el mundo sea destruido, éste no se destruirá.

24. SIN PALABRAS, SIN SILENCIO

Un monje le preguntó a Fuketsu: «Sin hablar, sin silencio, ¿cómo puedes expresar la verdad?».

Fuketsu observó: «Siempre recuerdo la primavera en el sur de China. Los pájaros cantan entre innumerables clases de fragantes flores».

Comentario de Mu-mon: Fuketsu solía utilizar el zen como un relámpago. Siempre que tenía la oportunidad, lo hacía brillar. Pero en esta ocasión fracasó y lo único que hizo fue tomar prestado un antiguo poema chino. No os preocupéis del zen de Fuketsu. Si queréis expresar la verdad, lanzad vuestras palabras, lanzad vuestro silencio y habladme de vuestro propio zen.

Sin revelar su propia penetración,
ofreció las palabras de otro, no las suyas.
Si hubiera continuado hablando y hablando,
incluso sus oyentes se habrían incomodado.

浮 25. PREDICAR DESDE EL TERCER ASIENTO

En un sueño, Kyozen fue a la Tierra Pura de Maitreya, y allí se reconoció a sí mismo sentado en el tercer asiento de la morada de éste. Alguien anunció: «Hoy, el que se siente en el tercer asiento predicará».

Kyozen se levantó y, golpeando con el mazo, dijo: «La verdad de la enseñanza de Mahayana es trascendente, por encima de las palabras y del pensamiento. ¿Comprendéis?».

Comentario de Mu-mon: Quiero preguntaros, monjes: ¿Predicó o no? Cuando abre su boca está perdido. Cuando la cierra está perdido. Si no la abre y si no la cierra, se encuentra a 173.000 millas de la verdad.

En la luz del día,
en un sueño, él habla de un sueño.
Un monstruo entre monstruos
pretendía embaucar a todos.

蘆 26. DOS MONJES ENROLLAN LA PERSIANA

Hogen, del monasterio de Seiryo, estaba a punto de dar una conferencia antes de comer, cuando notó que la persiana de bambú que se había bajado para la meditación no se había enrollado. De modo que lo señaló. Al oírle, dos monjes se levantaron entre la audiencia y la enrollaron.

Hogen, tras observar este momento físico, dijo: «El estado del primer monje es bueno, el del segundo, no».

Comentario de Mu-mon: Quiero preguntaros: ¿cuál de aquellos monjes ganó y cuál perdió? Si uno de vosotros tuviera ojo, vería el fallo por parte del maestro. De cualquier modo, no estoy hablando de pérdida y ganancia.

Cuando la persiana se enrolla, el cielo se abre,
pero el cielo no está armonizado con el zen.
Es mejor olvidar el vasto cielo
y retirarse de todo viento.

27. NO ES MENTE, NO ES BUDA, NO ES COSAS

Un monje le preguntó a Nansen: «¿Hay alguna enseñanza que ningún maestro haya predicado nunca?».

Nansen dijo: «Sí, la hay».

«¿Qué es?», preguntó el monje.

Nansen replicó: «No es mente, no es Buda, no es cosas».

Comentario de Mu-mon: El viejo Nansen entregó sus «palabras-tesoro». Debía de estar muy trastornado.

Nansen fue demasiado bondadoso y perdió su tesoro.
Verdaderamente, las palabras no tienen poder.

Incluso aunque la montaña se convierta en mar,
las palabras no pueden abrir la mente de otros.

28. APAGA LA VELA

Tokusan estudiaba zen bajo la guía de Ryutan. Una noche fue a ver a Ryutan y le hizo muchas preguntas. El maestro dijo: «La noche se hace vieja. ¿Por qué no te retiras?».

De modo que Tukusan hizo una reverencia abrió la persiana para salir, y observó: «Ahí fuera está muy oscuro».

Ryutan ofreció una vela encendida a Tukusan para que pudiera ver el camino. En cuanto Tokusan la recibió, Ryutan sopló y la apagó. En ese momento, la mente de Tokusan se abrió.

«¿Qué has alcanzado?», preguntó Ryutan.

«A partir de este momento», dijo Tokusan, «no dudaré de las palabras del maestro».

Al día siguiente, Ryutan dijo a los monjes mientras conferenciaba: «Veo a un monje entre vosotros. Su boca es como un cuenco de sangre. Si le dais fuertemente con una vara, ni siquiera se volverá para miraros. Algún día subirá a la más alta cima y llevará allí mi enseñanza».

Ese mismo día, frente a la sala de conferencias, Tokusan redujo a cenizas sus comentarios sobre los sutras. Dijo: «Sean como sean de oscuras las enseñanzas, en comparación con esta iluminación son como un cabello en el vasto cielo. Sea como sea de profundo el complicado conocimiento del mundo, comparado con esta iluminación es como una gota de agua en el inmenso océano». Y a continuación dejó ese monasterio.

Comentario de Mu-mon: Cuando Tokusan estaba en su país, no estaba satisfecho con el zen, aunque había oído hablar de él. Pensaba: «Esos monjes del sur dicen que pueden enseñar el Dharma más allá de los sutras. Están todos equivocados. Debo enseñarles». De modo que viajó hacia el sur. En su camino se detuvo para refrescarse cerca del monasterio de Ryutan. Una anciana que se encontraba allí, le preguntó: «¿Qué llevas en esa carga tan pesada?».

Tokusan replicó: «Es un comentario que he hecho sobre el sutra diamante tras muchos años de trabajo».

La anciana dijo: «Yo leo ese sutra que dice: "La mente pasada no se puede sujetar, la mente presente no se puede sujetar". Deseas algo de té y refrigerios. ¿Qué mente tienes intención de utilizar para éstos?».

Tokusan se quedó mudo. Finalmente, preguntó a la mujer: «¿Sabes de algún buen maestro por aquí?».

La anciana lo remitió a Ryutan, a no más de ocho kilómetros de distancia. De modo que fue a ver a Ryutan con toda humildad, de un modo totalmente diferente al que tenía cuando comenzó su viaje. Por otra parte, Ryutan fue tan amable que olvidó su propia dignidad. Era como echar agua enfangada a un borracho para volverlo sobrio. Después de todo, era una comedia innecesaria.

Cien cosas oídas no pueden superar un vistazo,
pero, tras ver al maestro, esa única mirada no puede superar
cien cosas oídas.
Era demasiado orgulloso,
y sin embargo estaba ciego.

29. NI EL VIENTO NI LA BANDERA

Dos monjes discutían acerca de una bandera. Uno dijo: «La bandera se está moviendo».

El otro dijo: «Es el viento el que se mueve».

El sexto patriarca acertó a pasar por allí, y les dijo: «Ni el viento, ni la bandera; es la mente la que se mueve».

Comentario de Mu-mon: El sexto patriarca dijo: «El viento no se está moviendo, la bandera no se está moviendo. Es la mente la que se mueve». ¿Qué quería decir? Si comprendéis esto íntimamente, veréis que los dos monjes intentaban comprar acero y obtener oro. El sexto patriarca no pudo soportar ver a aquellas dos cabezas de chorlito, de modo que hizo ese comentario.

El viento, la bandera, la mente se mueven.

La misma comprensión.

Cuando abren la boca

todos están equivocados.

30. ESTA MENTE ES BUDA

Daibai preguntó a Baso: «¿Qué es Buda?».

Baso dijo: «Esta mente es Buda».

Comentario de Mu-mon: Si alguien comprende esto completamente, está llevando el ropaje de Buda, está comiendo la comida de Buda y está hablando las palabras de Buda; se está comportando como Buda; él es Buda.

Esta anécdota, de todos modos, ha dado a muchos pupilos la enfermedad de la formalidad. Si uno verdaderamente comprende, se lavará la boca durante tres días después de decir la palabra Buda, y cerrará sus oídos y se escapará después de oír: «Esta mente es Buda».

Bajo el cielo azul, en la brillante luz solar,
no es necesario buscar alrededor.
Preguntar qué es Buda
es como guardarse el botín en el bolsillo y declararse inocente.

31. JOSHU INVESTIGA

Un monje viajero preguntó a una mujer el camino hacia Taizan, un popular templo que supuestamente ofrecía sabiduría a quien orara en él. La mujer dijo: «Sigue todo recto». Cuando el monje dio unos pasos, se dijo a sí misma: «Él también es un feligrés común».

Alguien relató este incidente a Joshu, quien dijo: «Esperad a que investigue». Al día siguiente, él fue e hizo la misma pregunta, y la anciana le dio la misma respuesta.

Joshu remarcó: «He investigado a esa anciana».

Comentario de Mu-mon: La anciana entiende cómo se planea la guerra, pero no sabe cómo se cuelan los espías por detrás. El viejo Joshu desempeñó el papel de espía, pero no era un general capacitado. Ambos cometieron fallos. Ahora quiero preguntaros: ¿Cuál era la finalidad de que Joshu investigara a la anciana?

Cuando la pregunta es común
la respuesta también es común.

Cuando la pregunta es como arena en un cuenco de arroz hervido
la respuesta es un palo en el lodo.

哲 32. UN FILÓSOFO PREGUNTA A BUDA

Un filósofo preguntó a Buda: «Sin palabras, sin la falta de palabras, ¿me dirías la verdad?».

Buda permaneció en silencio.

El filósofo hizo una reverencia y dio las gracias a Buda, diciendo: «Con tu bondad he despejado mis ilusiones y entrado en el camino verdadero».

Cuando el filósofo se fue, Ananda preguntó a Buda qué había obtenido.

Buda replicó: «Un buen caballo corre incluso a la sombra del azote».

Comentario de Mu-mon: Ananda era el discípulo de Buda, pero aun así, su opinión no era mejor que la de los extraños. Quiero preguntaros, monjes: ¿Cuánta diferencia hay entre discípulos y extraños?

Para andar por el afilado filo de una espada,
para correr sobre el hielo suavemente helado,
no es necesario seguir más huellas.
Caminad sobre las colinas con las manos libres.

粋 33. ESTA MENTE NO ES BUDA

Un monje preguntó a Baso: «¿Qué es Buda?».

Baso dijo: «Esta mente no es Buda».

Comentario de Mu-mon: Si hay alguien que entienda esto, es un graduado en zen.

Si halláis un maestro de esgrima en el camino, podéis darle vuestra espada;
Si halláis a un poeta, podéis ofrecerle vuestro poema.

Cuando halléis a otros, decid sólo una parte de lo que penséis hacer.
Nunca deis todo de inmediato.

34. APRENDER NO ES EL CAMINO

Nansen dijo: «La mente no es Buda. Aprender no es el camino».

Comentario de Mu-mon: Nansen se estaba haciendo viejo y había olvidado sentir vergüenza. Habló con mal aliento y expuso el escándalo de su casa.
Sin embargo, hay pocos que aprecien su bondad.
Cuando el cielo está despejado, el sol aparece.
Cuando la tierra está seca, cae la lluvia.
Él abrió su corazón por completo y habló,
pero fue inútil hablar a cerdos y a peces.

35. DOS ALMAS

«Seijo, la muchacha china», dijo Goso, «tenía dos almas, una siempre enferma en casa y la otra en la ciudad, una mujer casada con dos niños. ¿Cuál era el alma verdadera?».

Comentario de Mu-mon: Cuando alguien entienda esto, sabrá que es posible salir de una concha y entrar en otra, como hiciera paradas en una residencia transitoria. Pero si no puede comprenderlo, cuando llegue su hora y sus cuatro elementos se separen, será igual que un cangrejo en agua hirviendo, que debe luchar con muchas manos y pies. En tal estado, podrá decir: «¡Mumon no me dijo adónde debía ir!», pero entonces será demasiado tarde.

La luna sobre las nubes es la misma luna,
las montañas y los ríos que hay debajo son todos diferentes.
Cada uno es feliz en su unidad y variedad.
Esto es uno, esto es dos.

36. ENCONTRAR A UN MAESTRO ZEN EN EL CAMINO

Goso dijo: «Cuando encontréis a un maestro zen en el camino, no podéis hablarle, ni podéis quedaros en silencio. ¿Qué haréis?».

Comentario de Mu-mon: En tal caso, si podéis responderle íntimamente, vuestra percepción será hermosa, pero si no podéis, os quedaréis mirando alrededor sin ver nada.

Si encontráis a un maestro zen en el camino,
no le habléis con palabras ni con silencio.
Dadle un golpe
y se os reconocerá como el que comprende el zen.

37. UN BÚFALO ATRAVIESA LA CERCA

Goso dijo: «Cuando un búfalo sale del cercado hacia el borde del abismo, sus cuernos, su cabeza y sus pezuñas atraviesan la cerca, pero ¿por qué no puede atravesarla también la cola?».

Comentario de Mu-mon: Si alguien puede profundizar en esta cuestión y decir una palabra de zen, estará cualificado para restituir las cuatro gratificaciones y, no sólo eso, podrá salvar a todos los seres vivos. Pero si no puede decir una sola palabra de zen, entonces debería regresar a su cola.

> *Si el búfalo corre, caerá en la zanja;*
> *si regresa, será sacrificado.*
> *Esa pequeña cola*
> *es una cosa bien extraña.*

38. UN ROBLE EN EL JARDÍN

Un monje preguntó a Joshu por qué Bodhidharma fue a China. Joshu respondió: «Un roble en el jardín».

Comentario de Mu-mon: Si alguien ve claridad en la respuesta de Joshu, es que no ha habido un Shakyamuni Buda antes de él ni habrá un Buda futuro después de él.

> *Las palabras no pueden describirlo todo.*
> *El mensaje del corazón no puede entregarse con palabras.*

Si alguien recibe las palabras literalmente, está perdido;
si se explica con palabras, no alcanzará la iluminación en esta vida.

39. EL DESVIADERO DE UMMON

Un estudiante de zen dijo a Ummon: «La brillantez de Buda ilumina todo el universo».

Antes de que terminara la frase, Ummon preguntó: «Estás recitando otro poema, ¿no es así?».

«Sí», dijo el estudiante.

«Estás desviado», dijo Ummon.

Más tarde, el maestro Shishin, preguntó a sus discípulos: «¿En qué momento el estudiante se apartó del camino?».

Comentario de Mu-mon: Si alguien percibe la destreza de Ummon, sabrá cuándo el pupilo se apartó del camino, y será maestro del hombre y de los Devas. Si no, ni siquiera será capaz de percibirse a sí mismo.

Cuando un pez encuentra el anzuelo
si es demasiado voraz, será atrapado.
Cuando abra su boca,
su vida ya estará perdida.

40. VOLCAR UN VASO DE AGUA

Hyakuyo quiso enviar un monje a abrir un nuevo monasterio. Para ello, dijo a sus pupilos que quienquiera que respondiera una pregunta hábilmente sería el escogido. A continuación colocó un vaso de agua en el suelo y preguntó: «¿Quién de vosotros puede decir qué es esto sin llamarlo por su nombre?».

El prior dijo: «Nadie puede llamarlo un zueco».

Isan, el monje cocinero, volcó el vaso con su pie y salió.

Hyakuyo sonrió y dijo: «El prior pierde». E Isan se convirtió en el maestro del nuevo monasterio.

Comentario de Mu-mon: Isan fue lo suficientemente valiente, pero no pudo escapar a la treta de Hyakuyo. Después de todo, dejó una tarea ligera para tomar una pesada. ¿Acaso no lo veis? Se quitó su confortable sombrero y se colocó en cepos de acero.

Al renunciar a los utensilios de cocina
y vencer al parlanchín,
aunque su maestro coloque una barrera para él
sus pies volcarán cualquier cosa, incluso a Buda.

41. BODHIDHARMA APACIGUA LA MENTE

Bodhidharma está sentado de cara a la pared. Su futuro sucesor está de pie en la nieve, llorando, y presenta su brazo amputado a Bodhidharma. Llora: «Mi mente no está apaciguada. Maestro, apacigua mi mente».

Bodhidharma dice: «Si me traes esa mente, la apaciguaré para ti».

El sucesor dice: «Cuando busco mi mente, no puedo sujetarla».

Bodhidharma dice: «Entonces tu mente ya está apaciguada».

Comentario de Mu-mon: Ese viejo hindú de dientes rotos, Bodhidaharma, ha recorrido miles de millas por mar desde India hasta China como si tuviera algo maravilloso. Es como levantar olas sin viento. Tras sus largos años en China, únicamente logró un discípulo, el cual perdió su brazo y es deforme. Desde entonces, sólo ha tenido discípulos sin cerebro

¿Por qué vino Bodhidharma a China?
Durante años los monjes lo han discutido.
Todos los problemas que después se han sucedido
provienen de aquel maestro y su discípulo.

42. LA MUCHACHA SALE DE LA MEDITACIÓN

En la época del Buda Shakyamuni, Manjusri fue a la asamblea de los Budas. Cuando llegó, la conferencia había finalizado y todos los budas habían regresado a su tierra. Sólo una muchacha permanecía inmóvil en profunda meditación.

Manjusri preguntó al Buda Shakyamuni cómo era posible que aquella muchacha llegara a ese estado, al que ni siquiera él podía llegar. «Sácala del Samadhi y pregúntale tú mismo», dijo el Buda.

Manjusri caminó alrededor de la joven tres veces y chasqueó los dedos, pero ella continuó meditando. A través de su poder milagroso, la transportó a un cielo elevado e hizo todo lo posible para atraer su atención, pero fue en vano.

Al final, el Buda Shakyamuni dijo: «Ni cien mil Manjusris podrían perturbarla, pero bajo este lugar, pasados doce mil millones de países, hay un Bodhisattva, Mo-myo, *Semilla de ilusión*. Si viene, despertará».

En cuanto el Buda acabó de hablar, Bodhisattva salió de la tierra y rindió homenaje al Buda. Éste le ordenó que despertara a la muchacha. Bodhisattva fue frente a la joven y chasqueó los dedos, y en ese instante la joven salió de su profunda meditación.

Comentario de Mu-mon: Shakyamuni ha dispuesto una escena muy pobre. Quiero preguntaros, monjes: Si Manjusri, que se supone ha sido el maestro de siete Budas, no pudo sacar a la joven de la meditación, ¿cómo pudo hacerlo Bodhisattva, que era un mero principiante?

Si comprendéis esto íntimamente, vosotros mismos podréis entrar en la gran meditación mientras vivís en el mundo de la ilusión.

Uno no pudo despertarla, el otro pudo.
No son buenos actores.
Uno lleva la máscara de Dios, el otro la del diablo.
Si ambos hubieran fallado, el drama habría sido una comedia.

43. EL BÁCULO CORTO DE SHUZAN

Shuzan sostuvo su corto báculo y dijo: «Si llamáis a esto báculo corto, os oponéis a su realidad. Si no lo llamáis báculo corto, ignoráis el hecho. Entonces, ¿cómo queréis llamarlo?».

Comentario de Mu-mon: Si llamáis a esto báculo corto, os oponéis a su realidad. Si no lo llamáis báculo corto, ignoráis el hecho. No puede expresarse con palabras y no puede expresarse sin palabras. Ahora decid rápidamente qué es.

Sujetando el corto báculo,
dio una orden de vida o muerte.
Positivo y negativo entrelazados
ni budas ni patriarcas pueden escapar a este ataque.

44. EL BÁCULO DE BASHO

Basho dijo a su discípulo: «Cuando tengas un báculo, te lo daré. Si no lo tienes, te lo quitaré».

Comentario de Mu-mon: Cuando no haya un puente sobre el riachuelo, el báculo me ayudará. Cuando regrese a casa en una noche sin luna, el báculo me ayudará. Pero si llamas a esto un báculo, entrarás en el infierno rápido como una flecha.

Con este báculo en mi mano
puedo medir las profundidades y trivialidades del mundo.
El báculo sujeta los cielos y hace de la tierra algo firme.
Dondequiera que vaya, se extenderá la verdadera enseñanza.

45. ¿QUIÉN ES ÉL?

Hoen dijo: «Los budas pasados y los presentes son sus servidores, ¿Quién es él?».

Comentario de Mu-mon: Si veis claramente quién es, es como si os encontrarais a vuestro padre en una calle abarrotada. No hay necesidad de preguntar a nadie si vuestro reconocimiento es o no verdadero.

> *No luchéis con el arco y las flechas de otro.*
> *No cabalguéis en el caballo de otro.*
> *No discutáis los errores de otro.*
> *No interfiráis en el trabajo de otro.*

46. PROCEDE DESDE LO ALTO DEL PALO

Sekiso preguntó: «¿Cómo podéis proceder desde lo alto de un palo de trescientos metros?». Otro maestro zen dijo: «El que se sienta en lo alto de un palo de cien pies, ha alcanzado cierta altura, pero aún no maneja el zen libremente. Debería proceder desde ahí y aparecer en las diez partes del mundo».

Comentario de Mu-mon: Uno puede continuar sus pasos o hacer girar libremente su cuerpo en lo alto del palo. En cualquiera de los casos, debería ser respetado. De todos modos, quiero preguntaros, monjes: ¿Cómo procederíais desde lo alto de ese palo? ¡Vigilad!

> *Quien carezca del tercer ojo de la percepción*
> *se aferrará a la medida de los trescientos metros.*
> *Alguien así saltaría desde allí y se mataría,*
> *igual que un ciego descarriando a otros ciegos.*

47. LAS TRES PUERTAS DE TOSOTSU

Tosotsu construyó tres barreras e hizo que los monjes pasaran a través de ellas. La primera barrera es el estudio del zen. El propósito del estudio del zen es ver la verdadera naturaleza de cada uno. ¿Dónde está vuestra verdadera naturaleza?

En segundo lugar, cuando uno alcanza su verdadera naturaleza, está libre del nacimiento y de la muerte. Ahora bien, cuando cerráis la luz de vuestros ojos y os convertís en un cadáver, ¿cómo podéis liberaros?

En tercer lugar, si os liberáis del nacimiento y de la muerte, deberíais saber dónde estáis. Ahora vuestro cuerpo se separa en los cuatro elementos. ¿Dónde estáis?

Comentario de Mu-mon: Quienquiera que pueda superar esas tres barreras será un maestro dondequiera que esté. Cualquier cosa que le ocurra, la transformará en zen. De otro modo, vivirá con poca comida y no podrá satisfacerse ni a sí mismo.

Una percepción instantánea ve el tiempo sin fin.
El tiempo sin fin es como un instante.
Cuando uno comprende el momento sin fin,
percibe a la persona que lo está viendo.

48. UN CAMINO DE KEMBO

Un pupilo preguntó a Kembo: «Los budas de las diez partes del universo entran en la vía del Nirvana. ¿Dónde comienza ese camino?».

Por toda respuesta, Kembo alzó su vara y dibujó con ella un uno en el aire. A continuación dijo: «Aquí está».

Este pupilo fue a ver a Ummon y le hizo la misma pregunta. Ummon, que tenía un abanico en su mano, le dijo: «Este abanico llegará al cielo número treinta y tres y golpeará la nariz de la deidad que lo preside. Es como el dragón carpa del mar del este que golpea una nube de lluvia con su cola».

Comentario de Mu-mon: Un maestro entra en el mar profundo, rasca la tierra y levanta polvo. El otro va a la cima de la montaña y levanta olas que casi llegan al cielo. Uno sujeta, el otro suelta. Cada uno sostiene la enseñanza con una sola mano. Kembo y Ummon son como dos jinetes, ninguno de los cuales puede superar al otro. Es muy difícil hallar al hombre perfecto. Francamente, ninguno de los dos sabe dónde comienza el camino.

> *Antes de dar el primer paso se ha alcanzado el objetivo.*
> *Antes de que la lengua se mueva ha finalizado el discurso.*
> *Se necesita más que brillante intuición*
> *para hallar el origen del camino correcto.*

附 49. LA ADICIÓN DE AMBAN

Amban, un seglar estudiante de zen, dijo: «Mu-mon acaba de publicar cuarenta y ocho *koans* y ha llamado a su libro *Entrada sin puerta*. En él critica las palabras y acciones de los antiguos patriarcas. Creo que es muy malévolo. Es como el viejo vendedor de rosquillas que quiere atrapar a un transeúnte para que coma sus dulces a la fuerza. El cliente no puede ni tragar, ni escupir las roscas, y ello le causa sufrimiento. Aunque Mu-mon ya ha incomodado bastante a todo el mundo, añadiré una anécdota más como propina. Me pregunto si él podrá comérsela. Si puede, y la digiere bien, estará bien, pero si no puede, tendremos que volver a colocarla en la sartén con sus cuarenta y ocho y cocinarlas de nuevo. Mu-mon, come tú primero, antes de que alguien más lo haga:

De acuerdo con un sutra, Buda dijo en una ocasión: «Deteneos, deteneos. No habléis. La verdad última ni tan sólo se puede pensar».

Comentario de Amba: ¿De dónde vino ésa llamada enseñanza? ¿Cómo es que no es posible ni siquiera pensar en ella? Supongamos que alguien hablara de ella, ¿qué ocurriría entonces? El mismo Buda era un gran parlanchín y en este sutra dice lo contrario. Debido a esto, aparecen más tarde en China personas como Mu-mon que hacen rosquillas inútiles, los cuales molestan a la gente. ¿Qué debemos hacer, después de todo? Os lo mostraré.

Entonces Amban juntó sus palmas, replegó sus manos y dijo: «Deteneos, deteneos. No habléis. La verdad última ni tan sólo se puede pensar. Y ahora haré un pequeño círculo con mi dedo en el sutra y añadiré que ¡otros cinco mil sutras y entradas sin puerta de Vimalakirti están aquí!».

Si alguien os dice que vuestro fuego es luz,
no prestéis atención.
Cuando dos ladrones se encuentran no necesitan presentación;
se reconocen el uno al otro sin preguntas.

10 TOROS

Por KAKUAN

Ilustrado por
TOMIKICHIRO TOKURIKI

Transcrito por
NYOGEN SENZAKI Y PAUL REPS

*L*a iluminación que busca el zen, y por la cual éste existe, viene de sí mismo. Como conciencia, no existe el instante, lo produce la sucesión. Pero el hombre físico camina en el tiempo igual que anda en el lodo, arrastrando sus pies y su verdadera naturaleza.

Del mismo modo, incluso el zen debe comprometerse y reconocer los progresivos pasos de la conciencia que acercan al instante de la iluminación.

De eso trata este libro. En el siglo XII, el maestro chino Kakuan realizó los dibujos de diez toros, que basó en los antiguos toros taoístas, y a su vez escribió los comentarios en prosa y en verso que aquí se traducen. Su versión era puro zen, y trascendía las versiones anteriores, que habían finalizado con la nada del dibujo octavo. Desde entonces, ha sido una fuente constante de inspiración para los estudiosos, y a través de los siglos se han realizado muchas ilustraciones de los toros de Kakuan.

Las imágenes que se reproducen aquí son versiones modernas del reconocido artista de Kioto Tomikichiro Tokuriki, descendiente de una larga línea de artistas y propietario de la casa de té Daruma-do (Daruma es el nombre japonés de Bodhidharma, el primer patriarca zen). Sus grabados son deliciosamente directos y están llenos de sentido, con independencia del tiempo, como debieron de serlo los dibujos originales de Kakuan.

Lo que sigue es la adaptación del prólogo de Nyogen Senzaki y Paul Reps a la primera edición de su traducción.

▲

El toro es el principio eterno de vida, la verdad en acción. Los diez toros representan la secuencia de los pasos necesarios para alcanzar la verdadera naturaleza.

Esta sucesión tiene tanta pureza hoy en día como cuando (1100-1200) la desarrolló Kakuan a partir de trabajos anteriores e hizo sus cuadros. Hoy,

ocho siglos más tarde, nos encontramos en Estados Unidos desarrollando un trabajo similar para mantener el vigor del toro. Por su parte, Tokuriki ha hecho lo mismo en Kyoto.

La comprensión del principio creativo trasciende todo tiempo o lugar. Los 10 Toros son algo más que poesía, más que cuadros. Es una revelación espiritual que se manifiesta de forma paralela en cada Biblia de la experiencia humana. A través de él, quizá pueda el lector descubrir las huellas de su potencial interno, al igual que el patriarca chino. Y de este modo podrá llevar el báculo de su propósito y el odre de vino de su verdadero deseo para frecuentar el mercado e iluminar a otros.

LA BÚSQUEDA DEL TORO

En los pastos de este mundo, aparto sin descanso las altas hierbas en busca
del toro.
Siguiendo ríos sin nombre, perdido entre los senderos entrelazados de distantes
montañas,
me falla la fuerza y se agota mi vitalidad.
No puedo encontrar el toro.
En la noche sólo oigo el chirriar de los saltamontes en el bosque.

Comentario: El toro nunca se ha perdido ¿Qué necesidad hay de bus-
carlo? No logro encontrarlo porque me he alejado de mi verdadero ser.
En la confusión de los sentidos he perdido incluso su pista. Lejos de mi
hogar, veo muchas encrucijadas, pero ignoro el camino correcto. Me
enredo entre la codicia y el miedo, la bondad y la maldad.

DESCUBRIR LAS HUELLAS

¡A lo largo de la ribera, bajo los árboles, veo huellas!
Incluso bajo la fragante hierba veo sus pasos.
Se hallan en lo más profundo de remotas montañas.
Estos rastros no pueden ocultarse a una nariz que mire al cielo.

Comentario: Al comprender la enseñanza, veo las huellas del toro. Entonces aprendo que, del mismo modo que de un solo metal se hacen muchos utensilios, de mí mismo salen miríadas de seres. Salvo que escoja, ¿cómo distinguiré lo verdadero de lo falso? Aunque no he atravesado la puerta, ya he descubierto el camino.

PERCIBIR AL TORO

Oigo la canción del ruiseñor.
El sol es cálido, el viento suave, los sauces verdes a lo largo de la orilla.
¡Aquí ningún toro puede esconderse!
¿Qué artista podría dibujar su sólida cabeza, su majestuosa cornamenta?

Comentario: Cuando se oye la voz, se puede sentir su fuente. Tan pronto como se fusionan los seis sentidos, se atraviesa la puerta. Dondequiera que uno entre, ¡ve la cabeza del toro! Esta unidad es como sal en el agua, como color en el tinte. Lo más ligero no está desligado del ser.

APRESAR AL TORO

Lo atrapo tras una terrible lucha.
Su gran poder y voluntad son inagotables.
Desde la colina embiste a la nube inalcanzable
o permanece en un barranco impenetrable.

Comentario: Habitó mucho tiempo en el bosque, ¡pero hoy lo he apresado! La fascinación por el paisaje ha interferido en su dirección, y anhelando un pasto más dulce, se ha alejado. Su mente aún es terca e irrefrenable. Si quisiera someterlo, debería alzar mi látigo.

DOMAR AL TORO

Preciso el látigo y la soga,
de lo contrario, puede escapar por algún camino polvoriento.
Si se domestica bien, aflora su naturaleza dócil.
Entonces, sin herraduras, obedece a su señor.

Comentario: Cuando un pensamiento aflora, otro le sigue. Cuando el primer pensamiento brota desde la iluminación, todos los pensamientos que le siguen son verdaderos. A través de la ilusión, hacemos que todo sea falso. La ilusión no la causa la objetividad, es el resultado de la subjetividad. Sujeta fuertemente el anillo de la nariz y no te permitas vacilar por un momento.

MONTARLO HASTA CASA

Montando el toro, regreso lentamente a casa.
El son de mi flauta canta en la tarde.
Midiendo con palmadas la pulsátil armonía, dirijo el ritmo eterno.
Quienquiera que oiga esta melodía se unirá a mí.

Comentario: La lucha ha terminado; la ganancia y la pérdida se han equilibrado. Canto la canción del leñador de la aldea y entono melodías infantiles. A horcajadas sobre el toro, observo las nubes en lo alto. Sigo hacia delante, sin importarme quién pueda desear llamarme.

TRASCENDER AL TORO

A horcajadas sobre el toro, llego a casa.
Estoy sereno. El toro también puede reposar.
Amanece. En el plácido reposo,
bajo el tejado de mi morada, he abandonado el látigo y la soga.

Comentario: Todo es una ley, no dos. Sólo hacemos del toro un sujeto temporal. Es como la relación entre el conejo y la trampa, o el pez y la red. Es como el oro y la escoria, o la luna cuando aparece tras una nube. Un sendero de clara luz viaja a través del tiempo eterno.

TRASCENDER AL TORO Y AL PROPIO SER

Látigo, soga, persona y toro; todos se fusionan en no-cosa.
Este cielo es tan vasto que ningún mensaje puede mancharlo.
¿Cómo puede existir un copo de nieve en un fuego virulento?
Aquí están las huellas de los patriarcas.

Comentario: La mediocridad ha desaparecido. La mente está libre de limitaciones. No busco ningún estado de iluminación. Tampoco permanezco donde no existe iluminación. Dado que me dilato en ninguna condición, los ojos no me pueden ver. Si cientos de pájaros alfombraran con flores mi camino, tal alabanza no tendría ningún sentido.

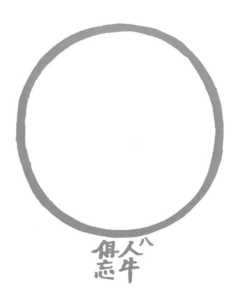

ALCANZAR LA FUENTE

Demasiados pasos se han dado de regreso a la raíz y a la fuente.
¡Mejor habría sido ser ciego y sordo desde el principio!
si se habita en la propia morada, indiferente a lo de fuera,
el río fluye plácidamente y las flores son rojas.

Comentario: La verdad es clara desde el principio. Equilibrado en el silencio, observo las formas de integración y desintegración. Quien no esté apegado a la «forma» no necesitará ser «reformado». El agua es esmeralda, la montaña es azul, y veo lo que está creando y aquello que está destruyendo.

EN EL MUNDO

Descalzo y con el pecho al descubierto, me mezclo con la gente del
mundo.
Mi ropa está rasgada y polvorienta, y siempre soy feliz.
No uso magia alguna para prolongar mi vida;
ahora, ante mí, los árboles muertos se tornan vivos.

Comentario: Tras mi puerta, mil sabios me desconocen. La belleza de mi jardín es invisible. ¿Por qué hay que buscar las huellas de los patriarcas? Voy al mercado con mi botella de vino y regreso a casa con mi báculo. Visito la bodega y el mercado, y todos aquellos sobre quienes poso mi mirada, se iluminan.

CENTRARSE

Transcrito por

PAUL REPS

*E*l zen no es algo nuevo y tampoco algo viejo. Mucho antes de que Buda naciese, ya se buscaba en India, tal y como muestra la presente obra.

Mucho después de que el hombre haya olvidado palabras como zen y Buda, satori y koan, la búsqueda continuará, aún podrá verse el zen en una flor, o en una brizna de hierba bajo el sol.

Lo que sigue está adaptado del prólogo a la primera versión en inglés de esta antigua obra.

▲

Vagando entre la inefable belleza de Kashmir, por encima de Srinagar, llego a la ermita de Lakshmanjoo, que da a verdes campos de arroz, los jardines de Shalimar y Nishat Bagh, y a lagos guarnecidos con lotos. El agua cae desde lo alto de una montaña.

Lakshmanjoo, que significa alto, resplandeciente, me recibe. Comparte conmigo esta antigua enseñanza del Vigyan Bhairava y el Sochanda Tantra, ambos escritos hace unos 4.000 años, así como del Malini Vijaya Tantra, probablemente otros 1.000 años anterior. Es una enseñanza antigua, copiada y vuelta a copiar innumerables veces, y de ella Lakshmanjoo ha hecho el principio de una versión inglesa. Yo la he transcrito once veces más para darle la forma que tiene aquí.

Shiva la cantó en primer lugar a su consorte Devi en un lenguaje de amor que aún debemos aprender. Trata sobre la experiencia de lo inmanente, y presenta 112 maneras de abrir la puerta invisible de la conciencia. Sé que Lakshmanjoo entregó su vida a esta práctica.

Alguna de las vías puede parecer redundante, aunque cada una es diferente a cualquier otra. Algunas pueden parecer simples, pero cada una requiere dedicación constante incluso para probarla.

Máquinas, bailarines, atletas, todos se equilibran. Al igual que la búsqueda del centro o equilibrio incrementa diversas habilidades, también puede

hacerlo la **conciencia**. *A modo de experimento, intentad permanecer de pie sobre ambos pies e imaginad que trasladáis vuestro equilibrio ligeramente de un pie al otro; igual que el equilibrio se centra, lo hacéis vosotros.*

Si somos conscientes al menos en parte, esto implica mayor conciencia global. ¿Tenéis una mano? Sí. Eso lo sabéis sin ninguna duda. Pero hasta que se os permitió la pregunta, ¿erais conscientes de ella por sí misma, aparte del cuerpo?

Seguramente, los hombres inspiradores, conocidos y desconocidos por el mundo, han compartido un común descubrimiento **extraordinario**. *El* **Tao** *de Lao-tse, el* **Nirvana** *de Buda,* **Jehová** *de Moisés, el* **Padre** *de Jesús,* **Alá** *de Mahoma; todos ellos apuntan a la misma experiencia.*

La no-cosa, el vacío, el espíritu; una vez tocados, la vida se clarifica.

DEVI DICE

Oh, Shiva, ¿cuál es tu realidad?

¿Qué es este universo lleno de maravillas?

¿Qué constituye la semilla?

¿Quién centra la rueda universal?

¿Qué es esta vida más allá de las formas que la ocupan?

¿Cómo podremos entrar en ella por completo, por encima del espacio y del tiempo, de nombres y descripciones?

¡Permite que mis dudas se aclaren!

SHIVA RESPONDE

[Aunque ya estaba iluminada, Devi ha hecho las preguntas anteriores para que otros seres del universo puedan recibir las instrucciones de Shiva. Ahora seguid la respuesta de Shiva con sus 112 vías].

1. Esta experiencia radiante puede asomar entre dos respiraciones. Después de que el aire entre (abajo) y justo antes de que vuelva a salir (fuera): *la beneficencia.*

2. Mientras la respiración se mueve de abajo arriba, y de nuevo mientras se curva de arriba abajo, entre estos dos turnos, *se lleva a cabo.*

3. O, cuando quiera que la inspiración y la espiración se fundan, en ese instante tocan el *centro* sin energía lleno de energía.

4. O, cuando la respiración está toda fuera y se para, o toda dentro y se para, en esa pausa universal, nuestro pequeño ser se *desvanece.* Esto es difícil sólo para los impuros.

5. Considera tu esencia como rayos de luz que se elevan desde tu centro para centrar las vértebras, y así se elevarán en ti las *ganas de vivir.*

6. O, en los espacios intermedios, siéntelo como un *relámpago*.

7. Devi, imagina las letras en sánscrito en estos espacios de conciencia, primero como letras, después, más sutilmente, como sonidos, y luego como un sutil sentimiento. Finalmente, déjalas a un lado y *sé libre*.

8. Pon la atención entre las cejas, deja que la mente sea antes que el pensamiento. Permite que la forma se llene con la esencia de la respiración hasta lo alto de la cabeza, y, una vez ahí, *llueva como luz*.

9. O, imagina que los círculos de cinco colores de la cola del pavo real son tus cinco sentidos en un espacio ilimitado. Ahora permite que su belleza se funda. Haz lo mismo, en cualquier lugar del espacio o en una pared, hasta que el punto *se disuelva*. De este modo tu deseo por otro se hará realidad.

10. Con los ojos cerrados, observa con detalle tu ser interior. De esa forma, *contempla* tu verdadera naturaleza.

11. Pon toda tu atención en el nervio del centro de tu columna vertebral, delicado como hebra de loto. En él, *sé transformada*.

12. Si cierras las siete aperturas de la cabeza con las manos, el espacio entre tus ojos se torna *inclusivo*.

13. Si tocas las bolas de tus ojos como una pluma, la ligereza entre ambos *abre el corazón* y allí penetra el cosmos.

14. Báñate en el centro del sonido, como en el ruido continuo de una cascada. O bien coloca tus dedos en los oídos, escucha el *sonido de los sonidos*.

15. Entona un sonido, como *om*, lentamente. A medida que dicho sonido entre en todo el sonido, *así lo harás tú*.

16. En el comienzo y gradual refinamiento del sonido de cualquier letra, *despierta*.

17. Mientras escuches instrumentos de cuerda, escucha su sonido compuesto central; y por lo tanto, la *omnipresencia*.

18. Entona un sonido de forma audible, y después hazlo menos y menos audible a medida que el sentimiento se hunde en una *silente armonía*.

19. Imagina el espíritu simultáneamente dentro y alrededor de ti hasta que todo el universo *se espiritualice*.

20. Bondadosa Devi, entra en la *presencia* etérea que llena muy por encima y por debajo tu forma.

21. Coloca el material de la mente con inexpresable delicadeza por encima, por debajo y *en tu corazón*.

22. Considera cualquier área de tu forma presente como un *espacio ilimitado*.

23. Siente tu sustancia, huesos, carne, sangre, saturados con *esencia cósmica*.

24. Supón que tu forma es una habitación vacía con paredes de piel; *vacía*.

25. Bendita, dado que los sentidos se absorben en el corazón, llegan al *centro* del loto.

26. Mente sin mente, mantente en el medio, *hasta...*

27. Cuando hagas cosas cotidianas, mantente atenta entre las dos respiraciones. Si practicas de este modo, en pocos días nacerás *de nuevo*. [Lakshmanjoo dice que ésta es su favorita].

28. Céntrate en un fuego que se alza por tus formas desde los pies hacia arriba hasta que el cuerpo quede reducido a cenizas, *pero tú no*.

29. Medita sobre el falso mundo mientras ardes hasta las cenizas, y conviértete en *ser por encima de humana*.

30. Siente cómo las cualidades de la creatividad atraviesan tus senos y toman *delicadas configuraciones.*

31. Cuando la respiración intangible del centro de tu frente llegue al corazón en el momento de dormir, dirige tus sueños y la *propia muerte.*

32. A medida que, de forma subjetiva, las letras fluyen hacia palabras y las palabras hacia frases, y según, objetivamente, los círculos fluyen hacia mundos y los mundos hacia principios, encuentra finalmente esta convergencia *en tu ser.*

33. Bondadosa, imagina que el universo es una concha vacía en la que tu mente juega *infinitamente.*

34. Mira un cuenco sin ver sus caras o su material. *Cobra conciencia de él* en pocos instantes.

35. Habita en algún lugar infinitamente espacioso; libre de árboles, colinas, habitaciones. Allí está el final de los pesares de la mente.

36. Querida mía, medita sobre saber y no saber, sobre existir y no existir. Después deja ambos a un lado para poder *ser.*

37. Mira algún objeto con amor. No te dirijas a otro. Aquí, en el medio de este objeto, *la bendición.*

38. Siente el cosmos como una *presencia translúcida inmortal.*

39. Con la máxima devoción, céntrate en las dos uniones de la respiración y conoce al *conocedor.*

40. Considera la plenitud como tu propio *cuerpo de gloria.*

41. Mientras seas acariciada, dulce princesa, entra en *las caricias* como si fueran la vida eterna.

42. Detén las puertas de los sentidos cuando sientas en tu piel el deslizamiento de una hormiga. *Entonces.*

43. Al comienzo de la unión sexual, mantén la atención en el fuego *inicial*, y, del mismo modo, evita las chispas al final.

44. Cuando en un abrazo tus sentidos se agiten como hojas, *entra en esa agitación.*

45. Con sólo el recuerdo de la unión, sin el abrazo, *la transformación.*

46. Al ver con alegría a un amigo largamente ausente, *penetra en esa alegría.*

47. Cuando comas o bebas, conviértete en el sabor de la comida o la bebida, y *llénate.*

48. Oh, ojos de loto, dulce al tacto, cuando cantes, veas, pruebes, sé consciente de que eres y *descubre la vida eterna.*

49. Dondequiera que halles la satisfacción, en cualquier acto, *date cuenta de ello.*

50. En el momento de dormir, cuando aún no ha llegado el sueño y desaparece la vigilia externa, en ese instante se revela el *ser.* [Lakshmanjoo dice que ésta es otra de sus favoritas].

51. En verano, cuando veas todo el cielo ilimitadamente claro, *entra en esa claridad.*

52. Tiéndete como si estuvieras muerta. Enfurecida, permanece así. O mira sin mover una sola pestaña. O sorbe algo y conviértete en *lo que sorbes.*

53. Sin soporte para los pies o las manos, siéntate sólo sobre tus nalgas. De repente, *te centrarás.*

54. En una posición cómoda, llena gradualmente de *una gran paz* un espacio entre las axilas.

55. Contempla a una persona hermosa o un objeto ordinario *como si fuera la primera vez.*

56. Con la boca ligeramente abierta, mantén la mente en el centro de la lengua. O, mientras entra el aire sigilosamente, siente el sonido HH.

57. Cuando estés en una cama o un asiento, permítete ser *ligera*, más allá de la mente.

58. En un vehículo en movimiento, *experimenta ladeándote*. O, en un vehículo parado, balancéate en círculos invisibles.

59. Sencillamente mirando el cielo azul más allá de las nubes, *la serenidad*.

60. Shakti, contempla todo el espacio como si tu cabeza lo hubiera absorbido ya *en el brillo*.

61. Al caminar, dormir o soñar, conócete como *luz*.

62. En la lluvia durante una noche oscura, entra en esa *oscuridad* como la forma de las formas.

63. Cuando no llegue una lluviosa noche sin luna, cierra los ojos y encuentra la oscuridad ante ti. Luego abre los ojos, y mira la oscuridad. Del mismo modo desaparecen las faltas para siempre.

64. Justo en cuanto tengas el impulso de hacer algo, *detente*.

65. Céntrate en el sonido *om* sin ninguna *o* ni ninguna *m*.

66. Entona silenciosamente una palabra que acabe en AH. Después en HH, sin esfuerzo; *la espontaneidad*.

67. Siéntete como *si ocuparas* todas las direcciones; lejos, cerca.

68. Agujerea con un alfiler alguna parte de tu forma llena de néctar, y entra suavemente en la *penetración*.

69. Siente: Mi pensamiento, Yo, órganos internos; *yo*.

70. Las ilusiones decepcionan. Los colores circunscriben. Incluso los divisibles son *indivisibles*.

71. Cuando llegue un deseo, considéralo. Luego, de repente, *suéltalo*.

72. Antes de desear y antes de saber, ¿cómo puedo decir que soy? Considéralo. Disuélvete en la *belleza*.

73. Con toda tu conciencia en el principio del deseo, de conocer, *conoce*.

74. Oh, Shakti, cada percepción particular es limitada, desaparece en *la omnipotencia*.

75. Las formas son verdaderamente inseparables. Inseparables, son omnipresentes, son tu propia forma. Percibe cada una de ellas como hecha de esta *conciencia*.

76. Ante estados de ánimo de extremo deseo, permanece *sereno*.

77. Este llamado universo se asemeja a juegos malabares, a una película. Para ser feliz, míralo *de ese modo*.

78. Oh, amada, no pongas tu atención ni en el placer ni en la pena, sino *entre éstos*.

79. Aparta el apego por el cuerpo a un lado, y comprende *Yo estoy en todas partes*. El que está en todas partes es alegre.

80. Los objetos y los deseos existen en mí igual que en los demás. De modo que, aceptándolo, permiten que sean *traducidas*.

81. La apreciación de objetos y sujetos es la misma para una persona iluminada que para una no iluminada. Pero la primera tiene una

grandeza: permanece en el *estado de ánimo subjetivo*, en lugar de estar perdido en las cosas.

82. Siente la conciencia de cada persona como la tuya propia. Así, dejando aparte la preocupación por el propio ser, *conviértete en cada ser*.

83. Pensar en ninguna cosa hará que el ser limitado sea *ilimitado*.

84. *Cree en lo omnisciente, omnipotente, penetrante*.

85. Igual que las olas vienen con el agua y las llamas con el fuego, así las olas universales llegan *con nosotros*.

86. Vaga hasta que estés exhausta y luego cae al suelo; en esa caída *sé completa*.

87. Supón que estás siendo gradualmente privada de fuerza o de conocimiento. En el instante de esa privación, *trasciende*.

88. Escucha mientras se imparte la enseñanza mística esencial. Los ojos quietos, sin pestañear; sé de inmediato *absolutamente libre*.

89. Detén los oídos mediante la presión y el recto mediante la contracción, y entra en el *sonido del sonido*.

90. En el borde de un profundo pozo, mira firmemente en sus profundidades hasta *la maravilla*.

91. Dondequiera que tu mente esté divagando, interna o externamente, en este lugar, *éste*.

92. Cuando seas vívidamente consciente a través de algún sentido particular, mantente en la *conciencia*.

93. Al comienzo del estornudo, durante el terror, en la ansiedad, sobre un abismo, volando en la batalla, en la extrema curiosidad, al comienzo del hambre, al final del hambre, sé ininterrumpidamente *consciente*.

94. Permite que la atención esté donde estés viendo un suceso pasado, e incluso tu forma, tras perder sus características presentes, *se transformará*.

95. Mira algún objeto, y entonces, lentamente, aparta tu vista de él. *Entonces*.

96. La devoción *libera*.

97. Siente un objeto ante ti. Siente la ausencia de todos los demás objetos salvo éste. Entonces, dejando a un lado el sentimiento sobre el objeto y el sentimiento de ausencia, *comprende*.

98. La pureza de otras enseñanzas es como impureza para nosotros. En verdad, conoce *nada* como puro o impuro.

99. Esta conciencia existe como cada ser, y *nada más existe*.

100. Sé el *mismo y distinto* para un amigo que para un extraño, en el honor y en el deshonor.

101. Cuando surja un estado de ánimo en favor o en contra de alguien, no lo coloques sobre la persona en cuestión, *permanece centrado*.

102. Supón que contemplas algo más allá de la percepción, más allá del aferramiento, más allá de no ser; *tú*.

103. Entra en el espacio, *sin sostén, eterno, tranquilo*.

104. Dondequiera que tu atención se pose, en ese punto, *experimenta*.

105. Entra en el sonido de tu nombre y, a través de ese sonido, en *todos los sonidos*.

106. Estoy existiendo. Esto es mío. Esto es esto. Oh, amada, incluso así, conoce *ilimitadamente*.

107. Esta conciencia es el espíritu que guía a cada uno. *Sé este uno*.

108. He aquí una esfera de cambio, cambio, cambio. A través del cambio, *consume el cambio.*

109. Como una gallina cuida a sus hijos, los conocimientos particulares de la madre, sus particulares acciones, *en la realidad.*

110. Dado que, en verdad, bondad y libertad son relativas, estas palabras son sólo para quienes sienten miedo del universo. Pero este universo es un reflejo de las mentes. Del mismo modo en que ves muchos soles en el agua *de un solo sol,* así puedes ver la bondad y la liberación.

111. Cada cosa se percibe a través del conocimiento. El propio ser brilla en el espacio a través del conocimiento. *Percibe un ser* como conocedor y conocido.

112. Amada, en este momento, permite que la mente, el conocimiento, el hálito, la forma, *sean incluidos.*

¿QUÉ ES ZEN?

Inténtalo si quieres. Pero el zen viene de sí mismo. El verdadero zen se muestra en la vida diaria, es la conciencia en acción. Más que cualquier percepción limitada, abre cada una de las puertas interiores hacia nuestra naturaleza infinita.

Libera las mentes de forma instantánea. ¡Cómo libera! El falso zen atormenta los cerebros como una ficción creada por sacerdotes y comerciantes para vender sus mercancías.

Miradlo de esta forma, dentro y fuera: la conciencia está en todas partes, completa, en vosotros. A partir de entonces no podréis evitar vivir humildemente y en constante maravilla.

«¿QUÉ ES ZEN?»

Una respuesta: Inayat Khan cuenta la historia hindú de un pez que fue a ver a un pez reina y le preguntó: «Siempre he oído hablar del mar, pero ¿qué es el mar? ¿Dónde está?».

Y el pez reina respondió: «Vives, te mueves y sostienes tu ser en el mar. El mar está dentro de ti y fuera de ti, estás hecho de mar y acabarás en el mar. El mar te rodea como tu propio ser».

Otra respuesta: